# NAVIGUER DANS LE NARCISSISME

## —DE VICTIME À VAINQUEUR—

### Le guide complet pour faire face aux narcissiques, atteindre la croissance personnelle

# CLAIRENE PETIT

# Naviguer dans le narcissisme

## De victime à vainqueur

Le guide complet pour faire face aux narcissiques, atteindre la croissance personnelle

Directeur de la rédaction : **Trista Clem**
Conception de la couverture : **Harold Padilla**
Services de rédaction et de production : **Marry & Garry Publishers**

# Contenu

# Partie 1

## Comprendre le comportement narcissique

Bienvenue à « Naviguer dans le narcissisme : de la victime au vainqueur ». Si vous avez pris ce livre, il y a de fortes chances que vous ayez rencontré le narcissisme dans votre vie - peut-être chez un membre de votre famille, un partenaire romantique, un patron ou même en vous-même. Vous n'êtes pas seul. Le trouble de la personnalité narcissique (TNP) touche une partie importante de notre population, avec des estimations suggérant que jusqu'à 6% des adultes pourraient répondre aux critères de cette condition complexe et souvent mal comprise.

Mais qu'est-ce que le trouble de la personnalité narcissique exactement ? À la base, le NPD est un problème de santé mentale caractérisé par un sentiment exagéré d'importance personnelle, un besoin profond d'attention et d'admiration excessives et un manque d'empathie pour les autres. Les personnes atteintes de NPD ont souvent des relations difficiles et peuvent avoir des difficultés dans divers aspects de leur vie en raison de leur image de soi déformée et de leurs difficultés à interagir avec les autres. Il est important de noter que le NPD existe sur un spectre, certaines personnes présentant des symptômes plus légers tandis que d'autres présentent des manifestations plus graves du trouble.

Maintenant, vous vous demandez peut-être : un peu d'amour de soi n'est-il pas une bonne chose ? Absolument! Cela nous amène à une distinction importante - la différence entre une estime de soi saine et le trouble de la personnalité narcissique. Une bonne estime de soi implique une appréciation réaliste de sa valeur et de ses capacités. Il permet l'autoréflexion, l'empathie envers les autres et la capacité de nouer des relations significatives. En revanche, les personnes atteintes de NPD ont un sens exagéré de l'importance de soi qui va au-delà d'une confiance saine. Ils peuvent croire qu'ils sont supérieurs aux autres, s'attendre à des éloges et à une admiration constants et avoir du mal à reconnaître ou à valider les sentiments et les besoins de ceux qui les entourent.

Alors, comment quelqu'un développe-t-il un trouble de la personnalité narcissique ? La vérité est qu'il n'y a pas de cause unique et claire. Comme de nombreux problèmes de santé mentale, le NPD résulte probablement d'une interaction complexe de facteurs génétiques, environnementaux et psychologiques. Certains chercheurs croient que certaines expériences vécues pendant l'enfance peuvent contribuer au développement du TNP. Il peut s'agir d'éloges ou de critiques excessifs de la part des parents, de négligence ou d'abus, ou de soins incohérents qui laissent un enfant se sentir trop autorisé ou profondément incertain.

D'autres facteurs de risque potentiels comprennent certains traits de personnalité, tels que la sensibilité à la critique ou une tendance à la pensée grandiose, qui peuvent rendre certaines personnes plus susceptibles de développer un NPD. De plus, les facteurs culturels qui mettent l'accent sur l'accomplissement et le succès individuels plutôt que sur les valeurs communautaires peuvent jouer un rôle dans la promotion des traits narcissiques.

Il est crucial de comprendre que le fait d'avoir des traits narcissiques ne signifie pas automatiquement qu'une personne souffre de **NPD**. Nous avons tous des moments d'égocentrisme ou un désir d'admiration. La principale différence réside dans la persistance, l'omniprésence et l'intensité de ces traits, ainsi que dans la mesure dans laquelle ils nuisent à la capacité d'une personne à fonctionner dans la vie quotidienne et à maintenir des relations saines.

Tout au long de ce livre, nous approfondirons les subtilités du trouble de la personnalité narcissique, en explorant son impact à la fois sur ceux qui en sont atteints et sur ceux qui interagissent avec eux. Nous discuterons des stratégies pour faire face au comportement narcissique, fixer des limites saines et favoriser la croissance personnelle - que vous ayez affaire à un narcissique dans votre vie ou que vous travailliez sur des tendances narcissiques en vous-même.

N'oubliez pas que la connaissance, c'est le pouvoir. En comprenant le **NPD**, ses causes et ses effets, vous faites le premier pas vers la récupération de votre pouvoir et la recherche d'une voie à suivre. Que vous soyez un survivant d'abus narcissique, quelqu'un aux prises avec des traits narcissiques ou que vous cherchiez simplement à mieux comprendre ce trouble complexe, ce livre est là pour vous guider dans votre parcours de victime à vainqueur. Alors, commençons cette exploration ensemble, avec compassion, courage et espoir d'un changement positif.

## Caractéristiques et traits des narcissiques

Naviguer dans les relations avec les narcissiques peut être incroyablement difficile en raison de leurs traits distincts et souvent perturbateurs. Ces personnes présentent une gamme de comportements qui sont profondément enracinés dans leur personnalité, affectant la façon dont ils interagissent avec les autres et se perçoivent. Comprendre ces traits est crucial pour quiconque essaie de faire face au trouble de la personnalité narcissique, que ce soit en lui-même ou dans ses relations avec les autres.

La grandeur est une caractéristique du narcissisme. Les narcissiques croient souvent qu'ils sont supérieurs aux autres, qu'ils possèdent des talents uniques ou des idées qui les distinguent. Ce sentiment de supériorité peut conduire à une image de soi gonflée, où ils s'attendent à un traitement spécial et à l'admiration sans l'avoir mérité. Ils peuvent constamment rechercher la validation et les éloges, ayant besoin que les autres renforcent leur sens de l'importance personnelle. Cette grandeur n'est pas seulement une question de vanité ; C'est un élément central de leur identité qui motive une grande partie de leur comportement.

À côté de la grandiosité s'ajoute un fort sentiment de **droit**. Les narcissiques croient qu'ils méritent plus que les autres – plus de respect, plus de ressources, plus d'opportunités. Ce droit peut se manifester de diverses manières, par exemple en coupant la file, en attendant des faveurs sans réciprocité ou en exigeant une attention constante de ceux qui les entourent. Ils partent du principe que leurs besoins et leurs désirs doivent primer sur ceux des autres, sans tenir compte des normes et des attentes sociales.

Le **manque d'empathie** est un autre trait important des narcissiques. Ils ont du mal à comprendre ou à valoriser les sentiments et les perspectives des autres. Cela ne signifie pas qu'ils sont entièrement dépourvus d'empathie, mais plutôt que leur capacité à faire preuve d'empathie est considérablement altérée. Ils peuvent feindre de s'inquiéter lorsque cela sert leurs intérêts, mais un véritable lien émotionnel fait souvent défaut. Ce manque d'empathie peut rendre les relations avec les narcissiques particulièrement épuisantes, car ils ont tendance à donner la priorité à leurs besoins et à rejeter ou invalider les émotions de ceux qui les entourent.

Les narcissiques sont également habiles dans la **manipulation et l'exploitation**. Ils utilisent souvent le charme, la flatterie et la tromperie pour atteindre leurs objectifs. Cette manipulation peut être subtile ou manifeste, mais elle sert toujours à renforcer leur sentiment de contrôle et de pouvoir. Dans les relations, ils peuvent utiliser des tactiques comme le gaslighting, où ils amènent les autres à remettre en question leur réalité et leur santé mentale, pour maintenir leur dominance. Ils exploitent les vulnérabilités des autres, en utilisant la manipulation émotionnelle pour les maintenir dépendants et dociles.

Dans différents contextes, le comportement narcissique peut prendre diverses formes. Dans **les relations personnelles**, un narcissique peut d'abord couvrir son partenaire d'affection et d'attention, pour devenir contrôlant et abusif une fois qu'il se sent en sécurité dans la relation. Ils peuvent isoler leur partenaire de leurs amis et de leur famille, créant une dynamique où leur partenaire se sent de plus en plus dépendant d'eux. Sur le **lieu** de travail, les narcissiques recherchent souvent des positions de pouvoir et de prestige. Ils peuvent saper leurs collègues, s'attribuer le mérite du travail des autres et manipuler leurs supérieurs pour gravir les échelons de l'entreprise. Leur manque d'empathie et de limites éthiques peut conduire à des environnements de travail toxiques où la collaboration et la confiance sont érodées.

Dans le domaine de la **politique**, les narcissiques peuvent être particulièrement dangereux. Leur charisme et leur confiance peuvent attirer des adeptes, mais leurs décisions sont souvent motivées par le gain personnel plutôt que par le bien public. Ils peuvent manipuler l'opinion publique, exploiter les questions qui divisent et saper les institutions démocratiques pour se maintenir au pouvoir. Les exemples historiques et contemporains abondent, où des dirigeants aux traits narcissiques ont causé des dommages importants par leurs politiques et leurs actions égoïstes.

Comprendre ces traits et comportements est la première étape pour faire face au trouble de la personnalité narcissique. Que vous ayez affaire à un narcissique dans votre vie personnelle, votre environnement professionnel ou dans la sphère publique, reconnaître ces schémas peut vous aider à vous protéger et à naviguer plus efficacement dans ces interactions difficiles. N'oubliez pas que, même si vous ne pouvez pas changer un narcissique, vous pouvez changer la façon dont vous réagissez et gérez votre relation avec lui, en passant d'un état de victime à un état d'autonomisation et de contrôle.

# Types de narcissiques (classiques, compensatoires, élitistes, malins)

Comprendre les différents types de narcissiques peut être crucial à la fois pour reconnaître les comportements narcissiques en vous-même et pour gérer les relations avec les autres qui présentent ces traits. Examinons les caractéristiques distinctes, les interactions et les impacts potentiels des quatre principaux types de narcissiques : classique, compensatoire, élitiste et malin.

## Narcissique classique

Un narcissique classique, souvent appelé narcissique grandiose, est ce à quoi la plupart des gens pensent lorsqu'ils entendent le terme « narcissique ». Ces personnes se caractérisent par un sens exagéré de l'importance de soi, un besoin profond d'attention et d'admiration excessives et un manque d'empathie pour les autres. Ils se vantent souvent de leurs réalisations et s'attendent à être reconnus comme supérieurs sans aucune réalisation substantielle à l'appui.

Les narcissiques classiques interagissent avec les autres d'une manière qui exige une validation constante. Ils peuvent dominer les conversations, interrompre les autres pour parler d'eux-mêmes et montrer peu d'intérêt pour ce que les autres ont à dire. Dans les relations, ils peuvent être charmants au début, attirant les gens avec leur charisme et leur confiance. Cependant, au fil du temps, leur égocentrisme et leur incapacité à prendre en compte les besoins de leur partenaire conduisent souvent à des relations tendues.

Par exemple, considérez John, un homme d'affaires prospère qui parle toujours de ses réalisations et s'attend à ce que tout le monde l'admire. Il aime être le centre d'attention lors des fêtes et rejette les opinions des autres. Sa femme, Mary, a d'abord trouvé sa confiance attrayante, mais au fil du temps, elle s'est sentie de plus en plus négligée et sans importance dans la relation.

## Narcissique compensatoire

Les narcissiques compensatoires développent leurs traits narcissiques comme mécanisme de défense pour faire face aux sentiments d'insécurité et d'inadéquation. Ils créent souvent une fausse image de soi pour compenser un sentiment d'infériorité profondément enraciné. Contrairement aux narcissiques classiques, ils ne peuvent pas afficher extérieurement de l'arrogance, mais plutôt rechercher l'admiration par des moyens indirects.

Ces personnes peuvent inventer des histoires sur leurs réalisations ou exagérer leurs capacités à obtenir une validation. Ils adoptent souvent des comportements visant à renforcer leur estime de soi fragile, comme rabaisser les autres ou rechercher constamment être rassurés.

Dans les relations, les narcissiques compensatoires peuvent être trop sensibles à la critique et peuvent réagir de manière défensive aux affronts perçus. Ils peuvent également osciller entre la grandeur et l'apitoiement sur soi, ce qui rend difficile pour leurs partenaires de comprendre leur véritable état émotionnel.

Prenons l'exemple de Sarah, qui se sent souvent inadéquate dans son travail. Pour faire face, elle parle constamment de ses projets « incroyables » et minimise les contributions des autres. Elle a soif de validation de la part de ses collègues et réagit mal à toute forme de critique, se déchaînant souvent ou se retirant émotionnellement.

## Narcissique élitiste

Les narcissiques élitistes croient qu'ils sont uniques et supérieurs aux autres, souvent en fonction de leur intelligence, de leur statut social ou de leurs talents particuliers. Ils recherchent des environnements et des relations qui renforcent leur sentiment de supériorité et ont tendance à mépriser ceux qu'ils considèrent comme moins doués ou accomplis.

Ces personnes ne peuvent s'associer qu'à des personnes qu'elles perçoivent comme égales ou supérieures, rejetant ou rabaissant souvent ceux qu'elles considèrent comme inférieurs à elles. Leurs interactions sont généralement condescendantes et ils tirent un sentiment d'estime de soi du fait qu'ils se sentent supérieurs aux autres.

Dans les relations, les narcissiques élitistes peuvent être dédaigneux et distants. Ils peuvent avoir du mal à établir de véritables liens parce qu'ils considèrent que la plupart des gens ne méritent pas leur temps et leur attention.

Prenez Michael, un chirurgien très prospère qui croit que sa profession le rend supérieur aux autres. Il rejette souvent les préoccupations de sa femme concernant leur vie personnelle, les considérant comme triviales par rapport à son travail.

Son attitude condescendante crée un obstacle dans leur relation, laissant sa femme se sentir sous-estimée et isolée.

## Narcissique malin

Les narcissiques malins sont le type de narcissique le plus destructeur et le plus dangereux. Ils présentent non seulement des traits narcissiques classiques, mais aussi une forte composante d'agressivité et de sadisme. Ces personnes prennent plaisir à manipuler et à nuire aux autres, se livrant souvent à des comportements trompeurs, exploiteurs et même abusifs.

Les narcissiques malins interagissent avec les autres d'une manière hautement toxique. Ils peuvent charmer et manipuler pour obtenir ce qu'ils veulent, faisant preuve d'un mépris total pour le bien-être des autres. Leurs relations sont caractérisées par le contrôle, la coercition et un manque d'empathie.

Dans les relations, ils peuvent être extrêmement abusifs, à la fois émotionnellement et physiquement. Ils utilisent des tactiques telles que le gaslighting, l'intimidation et le mensonge pur et simple pour maintenir le pouvoir et le contrôle sur leurs victimes.

Par exemple, Robert est un narcissique malin qui manipule sa petite amie, Emily. Il l'isole de ses amis et de sa famille, la rabaisse constamment et utilise l'intimidation pour la garder sous son contrôle. Emily se sent piégée et craintive, alors que le comportement de Robert devient de plus en plus erratique et dangereux.

Connaître ces différents types de narcissiques est crucial pour développer des stratégies d'adaptation efficaces, que vous soyez confronté à des traits narcissiques en vous-même ou que vous naviguiez dans des relations avec des personnes narcissiques. En reconnaissant ces tendances, vous pouvez mieux protéger votre bien-être et rechercher des relations plus saines et plus solidaires.

## L'approvisionnement narcissique et le besoin de validation

Lorsque nous nous plongeons dans le monde du narcissisme, un concept essentiel à comprendre est celui de « l'approvisionnement narcissique ». Ce terme fait référence à l'attention, à l'admiration et à l'affirmation que les personnes atteintes de trouble de la personnalité narcissique (TNP) recherchent chez les autres pour renforcer leur estime de soi et valider leur image de soi grandiose. À la base, l'approvisionnement narcissique s'apparente à une bouée de sauvetage pour les narcissiques, nourrissant leur besoin insatiable de validation externe. Sans cet afflux constant d'admiration et d'attention, leur sens fragile de soi peut s'effondrer, conduisant à des sentiments d'inutilité et de profonde insécurité.

Le besoin de validation des narcissiques est enraciné dans une image de soi instable. Malgré leur confiance extérieure et leur bravade, les narcissiques sont souvent aux prises avec un sentiment sous-jacent d'inadéquation et de vulnérabilité. Pour compenser ce vide interne, ils recherchent des sources externes de validation pour réaffirmer leur valeur personnelle. Cette validation agit comme un tampon contre leurs peurs profondes d'inadéquation et d'insignifiance, leur permettant de maintenir leur image de soi gonflée.

Les narcissiques emploient diverses stratégies pour obtenir leur approvisionnement indispensable, et les relations sont l'un de leurs principaux terrains de chasse. Les partenaires romantiques, les amis et même les membres de la famille peuvent devenir la cible de leur besoin de validation. Dans les relations amoureuses, par exemple, un narcissique peut couvrir son partenaire d'affection et d'attention au début, créant une romance tourbillonnante qui laisse le partenaire se sentir spécial et chéri. Cependant, cette concentration intense n'est pas motivée par un amour ou un intérêt véritable, mais par le besoin du narcissique de s'affirmer constamment. Une fois que l'excitation initiale s'estompe, le narcissique peut commencer à dévaloriser son partenaire, à la recherche de nouvelles sources d'approvisionnement ailleurs.

Les plateformes de médias sociaux sont devenues un refuge moderne pour les narcissiques qui souhaitent obtenir une validation. La gratification instantanée des likes, des commentaires et des partages fournit un flux constant d'approvisionnement narcissique. Les narcissiques organisent soigneusement leurs personnalités en ligne pour projeter une image de succès, de beauté et de supériorité. Ils prospèrent grâce au renforcement positif de leurs abonnés, ce qui satisfait temporairement leur besoin de validation externe. Cependant, cette validation est éphémère, les obligeant à rechercher continuellement de nouvelles façons de maintenir leur présence en ligne et l'admiration qu'elle apporte.

Être une source d'approvisionnement pour un narcissique peut avoir des conséquences importantes et souvent préjudiciables. Au début, les individus peuvent se sentir flattés par l'attention et l'admiration que leur accorde le narcissique. Cependant, au fur et à mesure que la relation progresse, ils peuvent se retrouver de plus en plus manipulés et contrôlés. Les narcissiques sont habiles à exploiter les vulnérabilités et les insécurités des autres pour maintenir leur approvisionnement. Ils peuvent employer des tactiques telles que le gaslighting, la manipulation émotionnelle et la culpabilisation pour maintenir leurs sources d'approvisionnement dépendantes et conformes.

Au fil du temps, le besoin constant de valider et d'affirmer le narcissique peut nuire au bien-être des personnes concernées. Les individus peuvent ressentir une diminution de l'estime de soi, une anxiété accrue et un épuisement émotionnel. La poursuite incessante de la validation par le narcissique peut créer un environnement où les besoins et les sentiments des autres sont constamment ignorés, conduisant à un sentiment d'isolement et de dévalorisation. Reconnaître ces modèles et établir des limites est crucial pour ceux qui sont empêtrés dans des relations avec des narcissiques.

En reconnaissant les motivations sous-jacentes qui motivent leur comportement, nous pouvons mieux nous protéger contre le fait de devenir des sources d'approvisionnement involontaires. Établir des limites fermes, rechercher le soutien de personnes de confiance et donner la priorité aux soins personnels sont des étapes essentielles pour se libérer du cycle de la validation narcissique. En fin de compte, il est essentiel de favoriser un fort sentiment d'estime de soi, indépendant de la validation externe, pour retrouver notre autonomie et notre bien-être émotionnel.

# La dynamique narcissique parent-enfant

La dynamique narcissique parent-enfant est un sujet profond et souvent douloureux qui touche au cœur même des relations familiales. Comprendre cette dynamique est essentiel pour ceux qui l'ont vécue, que ce soit directement ou par l'observation. Les parents narcissiques, souvent poussés par un besoin inébranlable d'admiration et de contrôle, peuvent profondément affecter le développement et le bien-être de leurs enfants.

Dès leur plus jeune âge, les enfants de parents narcissiques sont exposés à un ensemble unique de défis. Ces parents considèrent généralement leurs enfants non pas comme des individus avec leurs propres besoins et désirs, mais comme des extensions d'eux-mêmes. Cette perspective peut entraîner une série d'effets néfastes sur le développement de l'enfant. D'une part, l'enfant peut être aux prises avec des problèmes d'estime de soi et d'identité, car ses réalisations et ses échecs sont souvent considérés non pas à travers leurs propres mérites, mais comme des réflexions sur le parent. Les éloges et l'affection sont généralement conditionnels, basés sur le fait que l'enfant répond aux attentes souvent irréalistes des parents. Cet amour conditionnel peut créer une peur profonde de l'échec et un besoin insatiable d'approbation, affectant l'estime de soi et le sentiment de sécurité de l'enfant.

De plus, l'environnement émotionnel d'un ménage dirigé par un parent narcissique peut être extrêmement instable. Les parents narcissiques ont tendance à être très réactifs, oscillant souvent entre une implication autoritaire et un détachement froid. Cette imprévisibilité oblige les enfants à devenir hyper-vigilants, à rechercher constamment des signes d'approbation ou de désapprobation. Le résultat est un état d'anxiété chronique, car l'enfant ne peut jamais être sûr de ce qui déclenchera une réponse négative. Cette agitation émotionnelle constante peut entraver le développement d'un sens sain de soi et nuire à la capacité de l'enfant à nouer des relations sûres et confiantes à l'avenir.

Les modèles et les comportements courants des parents narcissiques sont généralement marqués par quelques traits distincts. Ces parents manifestent souvent un sentiment de droit et de supériorité, estimant qu'ils méritent un traitement spécial et une admiration inébranlable. Ils peuvent monopoliser les conversations, rejeter ou déprécier les sentiments et les opinions des autres, et avoir un besoin implacable d'être le centre d'attention. Un autre comportement répandu est le gaslighting, où le parent narcissique manipule des situations pour amener l'enfant à remettre en question sa propre réalité et sa santé mentale. Cette manipulation psychologique peut laisser des cicatrices durables, ce qui rend difficile pour l'enfant de faire confiance à ses propres perceptions et jugements.

Les parents narcissiques ont également tendance à s'engager dans la projection, accusant leurs enfants des comportements et des défauts qu'ils présentent eux-mêmes. Par exemple, un parent narcissique peut qualifier son enfant d'égoïste ou d'ingrat, bien que ce soient des traits qu'il affiche fréquemment. Cette projection déroute l'enfant, qui peut intérioriser ces accusations et développer une image de soi déformée. De plus, ces parents utilisent souvent la culpabilité et la honte comme outils de contrôle, manipulant leurs enfants pour qu'ils se conforment et se soumettent. Le thème général est celui du contrôle et de la domination, où l'individualité de l'enfant est supprimée pour maintenir l'image de soi gonflée du parent.

Pour les enfants adultes de parents narcissiques, faire face et guérir est un voyage difficile mais réalisable. La première étape consiste à reconnaître et à reconnaître l'impact du parent narcissique sur sa vie. Cette prise de conscience est cruciale car elle jette les bases de la guérison et de la croissance. Comprendre que leurs difficultés avec l'estime de soi, les relations et l'identité découlent de leur éducation peut être libérateur, les aidant à se débarrasser de la culpabilité et de la honte déplacées.

L'établissement de limites est un autre aspect essentiel de l'adaptation. Les parents narcissiques ont souvent peu de respect pour les limites personnelles, de sorte que les fixer et les faire respecter peut être une étape puissante vers la récupération de l'autonomie. Cela peut impliquer de limiter les contacts, de communiquer clairement les limites personnelles ou, dans certains cas, de rompre complètement les liens. Il est important de se rappeler que l'établissement de limites est une forme de soins personnels et non un acte d'égoïsme ou de rébellion.

Demander l'aide d'un professionnel peut également être extrêmement bénéfique. Les thérapeutes spécialisés dans l'abus narcissique peuvent fournir des informations précieuses et des stratégies d'adaptation. La thérapie peut aider les individus à gérer leurs émotions, à développer des mécanismes d'adaptation sains et à surmonter le traumatisme infligé par leurs parents. Les groupes de soutien, qu'ils soient en personne ou en ligne, peuvent également offrir un sentiment de communauté et de compréhension, en rappelant aux individus qu'ils ne sont pas seuls dans leurs expériences.

Enfin, il est essentiel de favoriser l'autocompassion et les soins personnels pour la guérison. Grandir avec un parent narcissique laisse souvent de profondes blessures émotionnelles, et apprendre à se traiter avec gentillesse et compréhension peut être un puissant antidote. S'engager dans des activités qui favorisent la découverte de soi et l'expression de soi, comme la tenue d'un journal, l'art ou l'exercice physique, peut aider à reconstruire un sentiment d'identité et d'estime de soi.

Naviguer dans les séquelles d'une dynamique parent-enfant narcissique est sans aucun doute un défi, mais il est possible de passer de la victime au vainqueur. Avec la conscience, les limites, le soutien professionnel et l'autocompassion, les individus peuvent guérir du passé et construire une vie plus saine et plus épanouissante.

# Partie 2

## Intelligence émotionnelle et conscience de soi

Comprendre l'intelligence émotionnelle (QE) est crucial, en particulier lorsqu'il s'agit de naviguer dans des relations complexes, y compris celles affectées par un trouble de la personnalité narcissique. L'intelligence émotionnelle, souvent abrégée en QE, fait référence à la capacité de reconnaître, de comprendre et de gérer nos propres émotions, ainsi que les émotions des autres. Il s'agit d'être à l'écoute de vos sentiments, d'avoir la capacité d'exploiter ces émotions de manière constructive et de naviguer dans les complexités sociales avec empathie et grâce. Cette capacité est particulièrement importante lorsqu'il s'agit de comportements narcissiques, que ce soit en nous-mêmes ou chez les autres, car elle nous aide à maintenir notre propre santé émotionnelle et à interagir plus efficacement.

L'importance de l'intelligence émotionnelle ne peut être surestimée. Dans notre vie personnelle et professionnelle, avoir un QE élevé nous permet de construire des relations plus solides, de réduire le stress, de désamorcer les conflits et d'améliorer la satisfaction globale de la vie. Contrairement au QI, qui mesure les capacités cognitives, le QE se concentre sur les compétences émotionnelles et sociales. Ces compétences sont essentielles pour nous aider à réagir de manière appropriée à différentes situations, en particulier celles qui sont chargées d'émotion ou difficiles. Par exemple, lorsqu'il s'agit d'une personne qui a des tendances narcissiques, un QE élevé peut nous aider à rester calmes, à fixer des limites et à protéger notre propre bien-être.

Au cœur de l'intelligence émotionnelle se trouvent cinq composantes principales : la conscience de soi, l'autorégulation, la motivation, l'empathie et les compétences sociales. La conscience de soi est la capacité de reconnaître et de comprendre nos propres émotions. Il s'agit de connaître nos forces, nos faiblesses et nos déclencheurs. Cette prise de conscience est le fondement de l'intelligence émotionnelle, car elle nous aide à prendre des décisions éclairées sur la façon de réagir à diverses situations. L'autorégulation, quant à elle, est la capacité de contrôler ou de rediriger les émotions et les impulsions perturbatrices. Il s'agit de réfléchir avant d'agir et de rester calme sous pression.

La motivation dans le contexte du QE n'est pas seulement une question de récompenses externes, mais aussi de notre volonté intérieure d'atteindre des objectifs de satisfaction personnelle. Il s'agit de rester engagé et optimiste même face aux revers. L'empathie, un élément crucial, est la capacité de comprendre et de partager les sentiments des autres. Cette compétence est particulièrement importante lorsqu'il s'agit d'individus narcissiques, car elle nous permet de percevoir leur état émotionnel et d'y répondre d'une manière à la fois compatissante et affirmée. Enfin, les compétences sociales impliquent la gestion des relations pour faire avancer les gens dans les directions souhaitées, que ce soit en dirigeant, en négociant ou en travaillant en équipe. Des compétences sociales efficaces nous aident à communiquer clairement, à résoudre les conflits et à favoriser un environnement social positif.

Le développement et l'amélioration de l'intelligence émotionnelle sont un voyage qui implique une autoréflexion et une pratique continues. Cela commence par l'amélioration de la conscience de soi par le biais d'activités telles que la pleine conscience et la tenue d'un journal, qui nous aident à devenir plus à l'écoute de nos émotions. L'autorégulation peut être améliorée en développant des techniques de gestion du stress, telles que la respiration profonde et la méditation, qui nous aident à garder le contrôle dans des situations difficiles. Pour stimuler la motivation, il est important de se fixer des objectifs personnels et de se rappeler les récompenses intrinsèques qui découlent de leur réalisation.

L'empathie peut être cultivée en écoutant activement les autres et en essayant de voir les situations de leur point de vue. S'engager dans des conversations avec un véritable intérêt à comprendre les expériences des autres peut améliorer considérablement nos capacités d'empathie. L'amélioration des compétences sociales implique de pratiquer une communication claire et efficace, d'apprendre à gérer les conflits de manière constructive et d'établir des relations plus solides grâce à la confiance et à la collaboration.

En favorisant ces composantes de l'intelligence émotionnelle, nous nous dotons des outils nécessaires pour faire face au trouble de la personnalité narcissique, que nous le rencontrions chez nous-mêmes ou chez les autres. Avec un QE plus élevé, nous pouvons naviguer plus efficacement dans ces dynamiques difficiles, en maintenant notre équilibre émotionnel et en favorisant des interactions plus saines. Ce voyage vers l'intelligence émotionnelle améliore non seulement notre croissance personnelle, mais enrichit également nos relations et notre qualité de vie globale.

## Développer la conscience de soi et l'empathie

Comprendre et nourrir la conscience de soi et l'empathie sont des compétences essentielles pour maintenir des relations saines, en particulier lorsqu'il s'agit de personnes atteintes de trouble de la personnalité narcissique (TNP). La conscience de soi nous permet de reconnaître nos propres émotions, déclencheurs et comportements, fournissant une base pour la croissance et le changement. L'empathie, quant à elle, nous permet de comprendre et de partager les sentiments des autres, favorisant ainsi la connexion et la compassion. Ensemble, ces capacités forment le fondement d'interactions significatives et peuvent être particulièrement bénéfiques lorsqu'il s'agit de naviguer dans les complexités des relations impliquant des narcissiques.

La conscience de soi est cruciale car elle nous aide à nous voir clairement, à comprendre nos motivations et à reconnaître l'impact de notre comportement sur les autres. En étant conscients de nos propres émotions et réactions, nous pouvons faire des choix conscients sur la façon de réagir plutôt que d'être guidés par des schémas inconscients. Ce niveau de perspicacité est inestimable dans toute relation, mais il devient encore plus critique lorsqu'il s'agit d'un narcissique, qui manipule souvent les autres pour satisfaire leurs propres besoins. En maintenant un fort sentiment de conscience de soi, nous pouvons nous protéger contre le fait d'être indûment influencés ou blessés par leurs actions.

L'empathie est tout aussi importante, car elle nous permet de comprendre les perspectives et les émotions de ceux qui nous entourent. Dans le contexte de traiter avec un narcissique, l'empathie peut nous aider à naviguer dans ses comportements souvent difficiles. Bien qu'il soit important de fixer des limites et de se protéger, l'empathie nous permet de voir la douleur et l'insécurité qui sous-tendent souvent les comportements narcissiques. Cette compréhension peut éclairer nos interactions, nous aider à réagir de manière ferme et compatissante, à réduire le risque de conflit et à favoriser un dialogue plus constructif.

Développer la conscience de soi et l'empathie nécessite de la pratique et de l'intentionnalité. La tenue d'un journal est un exercice efficace pour améliorer la conscience de soi. Écrire régulièrement sur nos pensées, nos sentiments et nos expériences peut nous aider à identifier des modèles et à mieux comprendre notre paysage émotionnel. La méditation et les pratiques de pleine conscience sont également des outils puissants, car elles nous entraînent à observer nos pensées et nos sentiments sans jugement, cultivant ainsi une compréhension plus profonde de nous-mêmes.

Pour développer l'empathie, l'écoute active est essentielle. Cela signifie se concentrer pleinement sur l'orateur, poser des questions de clarification et réfléchir à ce que nous entendons pour assurer la compréhension. Se mettre à la place des autres et imaginer comment nous nous sentirions à leur place peut également améliorer nos capacités d'empathie.

Le bénévolat ou la participation à des activités qui nous exposent à des perspectives diverses peut approfondir notre empathie, car cela élargit notre compréhension des différentes expériences de vie.

Lorsqu'il s'agit de narcissiques, la conscience de soi et l'empathie sont des outils essentiels. La conscience de soi nous aide à reconnaître quand nous sommes manipulés ou entraînés dans des dynamiques malsaines. Il nous permet de maintenir nos limites et de faire des choix qui s'alignent sur nos valeurs et notre bien-être. L'empathie, quant à elle, nous aide à gérer plus efficacement nos interactions avec les narcissiques. En comprenant leur besoin de validation et leurs insécurités sous-jacentes, nous pouvons les approcher avec compassion tout en maintenant nos limites. Cela peut désamorcer les tensions et créer des opportunités pour une communication plus productive.

Il est important de se rappeler que traiter avec les narcissiques nécessite souvent un équilibre délicat entre l'empathie et l'autoprotection. Bien qu'il soit bénéfique de comprendre leur point de vue, il est tout aussi crucial de donner la priorité à notre propre santé mentale et émotionnelle. Cela peut signifier rechercher le soutien d'amis de confiance, de membres de la famille ou d'un thérapeute qui peut offrir des conseils et une perspective. Dans certains cas, il peut être nécessaire de limiter, voire de mettre fin au contact avec un narcissique si la relation est constamment nuisible.

## Reconnaître et gérer ses propres émotions

Reconnaître et gérer vos propres émotions est crucial, en particulier lorsque vous faites face aux complexités du trouble de la personnalité narcissique (TNP), qu'il se manifeste en vous-même ou chez ceux qui vous entourent. La régulation émotionnelle, ou la capacité d'influencer les émotions que vous ressentez, le moment où vous les avez, et la façon dont vous les vivez et les exprimez, est une compétence essentielle pour naviguer dans les paysages émotionnels complexes du NPD. L'importance de la régulation émotionnelle ne peut être surestimée. Il sert de base au maintien de la santé mentale, à l'atteinte d'objectifs personnels et à la promotion de relations saines. Lorsque nous régulons efficacement nos émotions, nous pouvons réagir aux situations de manière plus réfléchie plutôt que de réagir impulsivement. Cette capacité devient particulièrement importante lorsqu'il s'agit de traits narcissiques, ce qui peut souvent conduire à des réponses émotionnelles accrues et à des conflits.

L'une des premières étapes de la gestion des émotions est de les reconnaître. Cela peut sembler simple, mais cela nécessite un niveau de conscience de soi avec lequel beaucoup de gens ont du mal. Commencez par porter une attention particulière à vos sensations physiques et à vos pensées. Par exemple, remarquez si votre fréquence cardiaque augmente ou si vos pensées deviennent plus critiques. Il peut s'agir d'indicateurs d'émotions sous-jacentes telles que la colère ou l'anxiété. La tenue d'un journal peut être un outil puissant dans ce processus. En notant vos sentiments et les situations qui les déclenchent, vous pouvez commencer à voir des modèles et à mieux comprendre vos réponses émotionnelles. Les pratiques de pleine conscience, telles que la méditation et les exercices de respiration profonde, aident également à devenir plus à l'écoute de votre état émotionnel. Ces techniques vous permettent d'observer vos émotions sans jugement, créant un espace entre le sentiment et l'action.

Une fois que vous reconnaissez vos émotions, leur gestion est la prochaine étape. Une stratégie efficace est la réévaluation cognitive, qui consiste à changer la façon dont vous pensez à une situation pour modifier son impact émotionnel. Par exemple, si quelqu'un avec des tendances narcissiques vous critique, au lieu d'intérioriser la critique, vous pourriez la recadrer comme le reflet de ses insécurités plutôt que comme une véritable évaluation de votre valeur. Une autre approche consiste à pratiquer l'autocompassion. Cela signifie que vous devez vous traiter avec la même gentillesse et la même compréhension que vous offririez à un ami. Reconnaissez vos sentiments sans vous juger et rappelez-vous que tout le monde éprouve des émotions difficiles.

En plus de ces stratégies, il est essentiel de fixer des limites lorsqu'il s'agit de traiter avec le NPD chez les autres. Des limites claires et cohérentes protègent votre bien-être émotionnel et vous empêchent d'être submergé par les comportements narcissiques d'une autre personne. Communiquez vos limites avec calme et assurance, et soyez prêt à les faire respecter si nécessaire. Cela peut signifier limiter les contacts avec quelqu'un qui est constamment manipulateur ou critique.

Les avantages d'une régulation émotionnelle efficace vont bien au-delà du soulagement immédiat de la gestion des émotions difficiles. Lorsque vous pouvez réguler vos émotions, vous améliorez vos relations et votre bien-être général. Vous devenez plus résilient, capable de gérer le stress et de rebondir plus rapidement après les revers. Cette résilience favorise un sentiment de stabilité et de confiance, ce qui est particulièrement précieux lorsqu'il s'agit de faire face à l'imprévisibilité souvent associée au **NPD**.

Une meilleure régulation émotionnelle améliore également vos relations interpersonnelles. Lorsque vous pouvez gérer vos émotions, vous êtes moins susceptible de réagir de manière défensive ou agressive dans les conflits. Cela conduit à une communication et à une résolution de problèmes plus constructives. Dans les relations avec des personnes ayant des traits narcissiques, cette compétence est particulièrement précieuse. Cela vous permet de garder votre sang-froid et de garder les pieds sur terre, réduisant ainsi la probabilité d'être entraîné dans une dynamique manipulatrice ou toxique.

De plus, la régulation émotionnelle contribue à un plus grand sentiment de bien-être général. Lorsque vous pouvez gérer efficacement vos émotions, vous ressentez moins de volatilité émotionnelle et une plus grande stabilité émotionnelle. Cette stabilité vous permet de vous concentrer davantage sur les expériences positives et la croissance personnelle, plutôt que d'être consumé par des émotions négatives. Il favorise également la clarté mentale, vous permettant de prendre des décisions plus réfléchies et de poursuivre vos objectifs avec une plus grande détermination.

Reconnaître et gérer vos propres émotions est une compétence essentielle pour faire face au trouble de la personnalité narcissique, que ce soit chez vous-même ou chez les autres. En développant la régulation émotionnelle, vous pouvez relever plus efficacement les défis du NPD, améliorer vos relations et améliorer votre bien-être général. Ce voyage demande de la patience et de la pratique, mais les récompenses en valent la peine. Adopter la régulation émotionnelle vous permet de vivre une vie plus équilibrée et épanouissante, même face à des défis émotionnels difficiles.

# Renforcer la résilience et la régulation émotionnelle

Comprendre la résilience est essentiel pour quiconque navigue dans les eaux turbulentes de la vie, en particulier lorsqu'il s'agit d'un trouble de la personnalité narcissique (TNP), que ce soit chez soi-même ou chez les autres. La résilience est la capacité de se remettre rapidement des difficultés, la capacité de rebondir après les revers et de s'adapter face à l'adversité. C'est comme un muscle psychologique qui nous aide à maintenir notre bien-être malgré les défis inévitables de la vie. Le développement de la résilience est crucial car non seulement il nous aide à faire face au stress et aux traumatismes, mais il nous permet également de grandir et de devenir plus forts grâce à nos expériences. Cela nous permet de naviguer à travers des situations difficiles avec un sentiment d'espoir et de but, plutôt que de nous sentir dépassés ou vaincus.

Développer la résilience implique de cultiver un ensemble de compétences et d'attitudes qui nous permettent de gérer efficacement nos émotions et de maintenir une attitude positive, même face à l'adversité. L'une des stratégies fondamentales pour renforcer la résilience est de développer des liens sociaux solides. Le fait de s'entourer d'amis et de membres de la famille qui nous soutiennent constitue un tampon contre le stress et offre un réseau de personnes qui peuvent offrir des conseils, de l'empathie et une aide pratique. Il est important d'entretenir ces relations en étant présent, en écoutant activement et en montrant de l'appréciation.

Un autre aspect clé de la résilience est le maintien d'un mode de vie sain. Une activité physique régulière, une alimentation équilibrée et un sommeil adéquat sont essentiels à notre bien-être général. Il a été démontré que l'exercice, en particulier, réduit les symptômes de dépression et d'anxiété, améliore l'humeur et augmente la résilience globale. De plus, les pratiques de pleine conscience et de méditation peuvent améliorer notre régulation émotionnelle en nous aidant à rester ancrés et présents dans le moment présent, en réduisant l'impact des émotions négatives et en favorisant un sentiment de calme et d'équilibre.

Le développement d'un état d'esprit de croissance est également essentiel au renforcement de la résilience. Cela implique de considérer les défis comme des opportunités d'apprentissage et de croissance, plutôt que comme des obstacles insurmontables. En adoptant une attitude positive face à l'échec et aux revers, nous pouvons développer une plus grande persévérance et détermination. Ce changement d'état d'esprit nous aide à voir les difficultés comme temporaires et gérables, ce qui peut réduire considérablement le stress et augmenter notre capacité à faire face à l'adversité.

Lorsqu'il s'agit d'abus narcissique, la résilience et la régulation émotionnelle deviennent encore plus critiques. La violence narcissique peut être incroyablement dommageable, éroder l'estime de soi et créer un cycle de troubles émotionnels. La résilience nous aide à maintenir notre estime de soi et notre autonomie, malgré les comportements manipulateurs d'un narcissique. Il nous permet de fixer et de maintenir des limites saines, de protéger notre bien-être émotionnel et de résister à la tendance à intérioriser les messages négatifs que les narcissiques transmettent souvent.

La régulation émotionnelle est tout aussi importante dans ces situations. Les narcissiques peuvent être très habiles à déclencher des réactions émotionnelles, que ce soit par la critique, le blâme ou d'autres tactiques de manipulation. En apprenant à gérer efficacement nos émotions, nous pouvons répondre à ces provocations de manière calme et mesurée, plutôt que de réagir de manière impulsive ou défensive. Des techniques telles que la respiration profonde, la relaxation musculaire progressive et la restructuration cognitive peuvent nous aider à rester calmes et rationnels face au comportement narcissique.

De plus, la résilience et la régulation émotionnelle nous permettent de reconnaître et de remettre en question les schémas de pensée déformés qui découlent souvent de l'abus narcissique. Nous pouvons apprendre à identifier et à contrer les distorsions cognitives telles que le catastrophisme, la surgénéralisation et la personnalisation, qui peuvent perpétuer les sentiments d'impuissance et d'inadéquation. En développant une perspective plus équilibrée et réaliste, nous pouvons réduire l'impact émotionnel du comportement narcissique et retrouver notre sentiment de contrôle et d'agentivité.

En fin de compte, le développement de la résilience et de la régulation émotionnelle est un voyage qui nécessite des efforts et une pratique continus. Il s'agit de développer une gamme de compétences et de stratégies qui peuvent nous aider à naviguer dans les complexités de la vie avec plus de confiance et de sang-froid. Que nous soyons confrontés à un trouble de la personnalité narcissique chez nous-mêmes ou chez les autres, ces compétences peuvent nous permettre de maintenir notre bien-être, de protéger notre santé émotionnelle et de vivre une vie plus épanouissante et plus résiliente.

# Partie 3

## Naviguer dans les relations narcissiques

Dans le paysage complexe et souvent déconcertant des relations, identifier un comportement narcissique peut donner l'impression d'essayer de résoudre un puzzle complexe. Ce n'est pas toujours évident au premier abord, surtout lorsque les premières impressions peuvent être si charmantes et engageantes. Cependant, il existe des signes distincts et des drapeaux rouges qui peuvent vous aider à reconnaître si vous avez affaire à un narcissique.

L'un des signes les plus révélateurs est un sentiment exagéré d'importance personnelle. Les narcissiques croient souvent qu'ils sont supérieurs aux autres et s'attendent à être traités comme tels. Ils peuvent se vanter de leurs réalisations et de leurs talents, même si ces affirmations ne sont pas tout à fait exactes. Cette grandeur s'accompagne souvent d'un manque d'empathie. Ils ont du mal à comprendre ou à valoriser les sentiments et les besoins des autres, ce qui rend difficile d'avoir une relation vraiment réciproque.

Un autre signal d'alarme est le besoin d'admiration et de validation constantes. Les narcissiques prospèrent grâce aux éloges et peuvent se mettre en colère ou se décourager s'ils ne les reçoivent pas. Ce besoin de validation externe les conduit souvent à monopoliser les conversations et à les ramener à eux-mêmes, ce qui rend difficile pour les autres de partager leurs propres pensées et expériences.

Le comportement manipulateur est également un trait courant. Les narcissiques sont habiles à manipuler les situations et les personnes à leur avantage. Cela peut se manifester par du gaslighting, où ils déforment la vérité pour vous faire douter de votre propre réalité, ou par des formes plus subtiles de manipulation émotionnelle conçues pour vous maintenir déséquilibré et dépendant d'eux.

De plus, les narcissiques affichent souvent un sentiment de droit. Ils s'attendent à un traitement spécial et peuvent s'indigner ou devenir agressifs s'ils n'obtiennent pas ce qu'ils croient mériter. Cela peut créer une dynamique où vous avez constamment l'impression de marcher sur des œufs, en essayant d'éviter de déclencher leur colère.

Il peut être difficile de faire la distinction entre un comportement narcissique et un comportement non narcissique, car bon nombre de ces traits peuvent apparaître dans différents contextes ou à différents degrés chez les individus non narcissiques. Cependant, la principale différence réside dans la cohérence et le contexte. Tout le monde a des moments d'importance personnelle ou a besoin de validation, mais dans les relations saines, ces traits sont équilibrés par l'empathie, le respect mutuel et une véritable attention aux autres.

En revanche, le comportement narcissique est omniprésent et persistant. Il s'infiltre dans tous les aspects de la relation, créant un déséquilibre où les besoins et les désirs du narcissique passent toujours en premier. Les personnes non narcissiques sont capables d'autoréflexion et peuvent reconnaître et corriger leurs erreurs, tandis que les narcissiques assument rarement la responsabilité de leurs actes et sont plus susceptibles de blâmer les autres.

Si vous soupçonnez votre partenaire d'être narcissique, il est crucial d'aborder la situation avec prudence et conscience de soi. La première étape consiste à vous renseigner sur le trouble de la personnalité narcissique. Comprendre la condition peut vous aider à voir les modèles plus clairement et à éviter de vous laisser prendre dans leurs manipulations.

Il est essentiel d'établir des limites. Les narcissiques repoussent souvent les limites pour voir jusqu'à quel point ils peuvent s'en tirer, il est donc important de définir clairement quel comportement est acceptable et ce qui ne l'est pas. Soyez ferme et cohérent dans l'application de ces limites, même si cela provoque une réaction négative.

Il est également essentiel de chercher du soutien. Parler à des amis, à la famille ou à un thérapeute peut vous donner une perspective et un soutien émotionnel. L'aide d'un professionnel est particulièrement précieuse, car elle peut vous proposer des stratégies adaptées à votre situation particulière et vous aider à naviguer dans les complexités de la relation.

Si la relation devient trop toxique, vous devrez peut-être envisager de prendre vos distances ou de partir. Cela peut être une décision difficile et douloureuse, surtout si vous avez investi beaucoup de temps et d'émotion dans la relation. Cependant, votre bien-être et votre santé mentale sont primordiaux. Parfois, le choix le plus sain est de s'éloigner et de se concentrer sur la guérison et la reconstruction de votre vie.

Identifier le comportement narcissique dans les relations implique de reconnaître des signes spécifiques et de comprendre les distinctions entre les traits narcissiques et non narcissiques. En vous éduquant, en fixant des limites, en cherchant du soutien et en étant prêt à prendre des décisions difficiles, vous pouvez mieux faire face au trouble de la personnalité narcissique, que ce soit en vous-même ou chez les autres. N'oubliez pas que le cheminement vers des relations plus saines commence par une prise de conscience et un engagement à prendre soin de soi.

## Fixer des limites et communiquer avec assurance

Fixer des limites dans les relations, en particulier celles impliquant des personnes ayant des tendances narcissiques, est crucial pour maintenir son bien-être mental et émotionnel. Les limites agissent comme des barrières invisibles qui protègent votre espace personnel, vos sentiments et vos valeurs. Ils aident à définir ce qui est un comportement acceptable de la part des autres et ce qui ne l'est pas. Sans limites, les gens peuvent se retrouver constamment à répondre aux besoins et aux désirs du narcissique, souvent au détriment de leur propre santé et de leur bonheur. En établissant des limites claires, vous vous assurez de maintenir votre sentiment d'identité et d'autonomie, qui est souvent érodé dans les relations avec des individus narcissiques.

Le maintien de limites saines nécessite une compréhension claire de vos propres besoins et limites. Commencez par réfléchir aux comportements qui sont inacceptables pour vous et aux situations qui vous mettent mal à l'aise. Cette conscience de soi est la base de l'établissement de limites. Une fois que vous avez identifié vos limites, communiquez-les clairement et en toute confiance. Utilisez des déclarations au « je » pour exprimer vos besoins et vos sentiments sans paraître accusateur. Par exemple, dire « Je me sens dépassé quand tu m'interromps pendant les réunions » est plus efficace que « Tu m'interromps toujours ». Il est important d'être cohérent dans l'application de vos limites. Si une limite est franchie, abordez-la immédiatement et avec assurance, en renforçant vos limites. Cette cohérence aidera l'individu narcissique à comprendre que vos limites sont fermes et non négociables.

La communication assertive est un outil puissant pour faire face au comportement narcissique. Il s'agit d'exprimer vos pensées, vos sentiments et vos besoins ouvertement et honnêtement tout en respectant les autres. Contrairement à la communication passive, qui conduit souvent au ressentiment, ou à la communication agressive, qui peut aggraver les conflits, la communication assertive favorise le respect et la compréhension mutuels. Pour communiquer avec assurance, entraînez-vous à utiliser un langage clair et direct. Évitez les déclarations vagues et soyez précis sur ce dont vous avez besoin ou ce que vous attendez. Il est également essentiel de maintenir un comportement calme et posé, même si le narcissique essaie de vous provoquer. La régulation émotionnelle est la clé d'une communication assertive, car elle vous permet de réagir de manière réfléchie plutôt que de réagir impulsivement.

Lorsque vous traitez avec une personne narcissique, vous pouvez rencontrer de la résistance ou de la résistance lorsque vous fixez des limites ou communiquez avec assurance. Les narcissiques ont souvent un fort sentiment de droit et peuvent ne pas accepter facilement les limites imposées à leur comportement. Il est important de rester inébranlable et de ne pas se laisser influencer par leurs tentatives de vous manipuler ou de vous culpabiliser. N'oubliez pas que fixer des limites et communiquer de manière assertive ne consiste pas à contrôler l'autre personne, mais à prendre le contrôle de votre propre vie et de votre bien-être. Au fil du temps, au fur et à mesure que vous imposez vos limites et pratiquez une communication assertive, vous remarquerez probablement une amélioration dans vos interactions et une réduction de la capacité du narcissique à vous dominer ou à vous miner.

Naviguer dans une relation avec une personne narcissique est difficile mais pas insurmontable. En fixant des limites claires et en communiquant avec assurance, vous pouvez protéger votre bien-être et favoriser des interactions plus saines. Cela demande de la patience, de la pratique et un engagement envers vos propres besoins et valeurs. N'oubliez pas que vous avez le droit d'être traité avec respect et de faire valoir vos propres besoins, peu importe la réaction de l'autre personne.

# Faire face au gaslighting, à la projection et à la manipulation

Dans la navigation dans les relations narcissiques, comprendre et faire face à des tactiques telles que le gaslighting, la projection et la manipulation sont cruciaux pour maintenir le bien-être émotionnel. Ces comportements sont caractéristiques du trouble de la personnalité narcissique (TNP), où les individus manipulent les autres pour maintenir le contrôle et la supériorité.

Le gaslighting implique que le narcissique déforme la réalité pour faire douter sa victime de ses perceptions, de ses souvenirs et de sa santé mentale. Il s'agit d'une forme de manipulation psychologique où le narcissique peut nier des événements qui se sont produits, invalider des émotions ou même blâmer la victime pour des choses qui ne sont pas de sa faute. Par exemple, ils pourraient dire : « Vous imaginez des choses » ou « Cela ne s'est jamais produit ». Au fil du temps, les victimes peuvent commencer à remettre en question leur propre jugement et leur réalité.

La projection se produit lorsque les narcissiques attribuent leurs propres traits négatifs, comportements ou émotions aux autres. Ils refusent de reconnaître leurs défauts et les projettent plutôt sur quelqu'un d'autre, souvent un partenaire proche ou un membre de la famille. Par exemple, un narcissique qui est constamment critique peut accuser son partenaire d'être trop critique à la place. Cette tactique sert à détourner l'attention de leurs propres défauts et à maintenir une façade de perfection.

La manipulation est une autre tactique où les narcissiques exploitent les émotions, les besoins ou les vulnérabilités des autres pour leur propre bénéfice. Ils peuvent utiliser le charme, la culpabilité, l'intimidation ou jouer la victime pour obtenir ce qu'ils veulent. La manipulation peut être subtile ou manifeste, mais le but est toujours de contrôler la situation et les personnes qui les entourent.

Les narcissiques utilisent ces tactiques pour maintenir le pouvoir et la domination dans les relations. En sapant le sens de la réalité de leurs victimes (gaslighting), en projetant leurs défauts sur les autres et en manipulant les émotions et les situations à leur avantage, ils créent un environnement où leurs besoins et leurs désirs priment sur ceux de tous les autres.

Pour faire face à ces comportements, il faut une combinaison de conscience de soi, d'affirmation de soi et de définition de limites. Tout d'abord, il est crucial de reconnaître ces tactiques pour ce qu'elles sont – des stratégies manipulatrices visant à contrôler et à rabaisser les autres. Comprendre que vous n'êtes pas responsable de leur comportement est la première étape pour retrouver votre estime de soi.

Il est essentiel de fixer des limites claires. Cela implique de communiquer avec assurance sur les comportements acceptables et inacceptables. Par exemple, dire calmement mais fermement : « Je ne tolérerai pas qu'on me blâme pour des choses que je n'ai pas faites » peut aider à établir des limites et à protéger votre bien-être émotionnel.

Le maintien d'un réseau de soutien d'amis de confiance, de membres de la famille ou d'un thérapeute est inestimable. Ces personnes peuvent fournir une validation, une perspective et un soutien émotionnel pendant les périodes difficiles. Parler à quelqu'un qui comprend les comportements narcissiques peut clarifier vos expériences et renforcer votre sens de la réalité.

Enfin, il est crucial de prendre soin de soi. S'engager dans des activités qui favorisent le bien-être émotionnel et physique, comme l'exercice, la méditation, les passe-temps ou passer du temps avec des influences positives, aide à développer la résilience et à renforcer votre estime de soi.

N'oubliez pas qu'il s'agit de retrouver votre sens de la réalité, de fixer des limites et de donner la priorité à votre propre santé émotionnelle face aux comportements manipulateurs et nuisibles.

## Maintenir des relations saines avec les narcissiques

Naviguer dans les relations avec les narcissiques présente un ensemble unique de défis qui peuvent être incroyablement éprouvants et émotionnellement épuisants. L'une des principales difficultés est le besoin inhérent du narcissique d'admiration et de validation, souvent au détriment des sentiments et des besoins des autres. Dans une relation avec un narcissique, il y a un sentiment omniprésent de déséquilibre où ses exigences et ses désirs éclipsent les vôtres. Ce déséquilibre peut conduire à une lutte constante pour la validation et à un sentiment de ne jamais être assez bon, peu importe les efforts que vous mettez dans la relation.

Fixer des limites devient crucial pour maintenir votre santé mentale et votre bien-être émotionnel. Les limites agissent comme un bouclier protecteur contre les comportements manipulateurs du narcissique, tels que le gaslighting et la manipulation émotionnelle. Il est essentiel de communiquer clairement vos limites et d'affirmer vos besoins, même si cela peut provoquer une résistance ou une colère de la part du narcissique. Commencez par identifier les comportements qui vous conviennent et ceux qui dépassent les bornes. Entraînez-vous à dire non et à vous en tenir fermement à vos limites, malgré toute tentative de culpabiliser ou d'invalider vos sentiments.

Donner la priorité aux soins personnels n'est pas seulement une suggestion, mais une nécessité lorsqu'il s'agit d'un partenaire, d'un ami ou d'un membre de la famille narcissique. Les montagnes russes émotionnelles constantes d'une relation avec un narcissique peuvent vous laisser un sentiment d'épuisement et d'insécurité. Prendre soin de soi implique de se nourrir physiquement, émotionnellement et mentalement. Cela signifie réserver du temps pour des activités qui vous apportent joie et détente, qu'il s'agisse de yoga, de lecture ou de passer du temps avec des amis qui vous soutiennent. Cela comprend également la recherche d'une thérapie ou d'un conseil pour traiter vos émotions et gagner en clarté sur la dynamique des relations saines.

Reconnaître quand il est temps de mettre fin à une relation avec un narcissique est souvent l'étape la plus difficile mais finalement libératrice. Malgré vos efforts pour fixer des limites et donner la priorité aux soins personnels, certaines relations peuvent rester toxiques et irréparables. Les signes qu'il est peut-être temps de s'éloigner comprennent le sentiment d'être constamment épuisé, invalidé ou manipulé malgré tous vos efforts. Faites confiance à votre instinct et reconnaissez que mettre fin à une relation n'est pas synonyme d'échec, mais plutôt d'une étape courageuse vers la récupération de votre santé émotionnelle et de votre bien-être.

Maintenir une relation saine avec un narcissique nécessite un équilibre délicat entre fixer des limites, donner la priorité aux soins personnels et savoir quand il est temps de lâcher prise. Il s'agit de reconnaître sa propre valeur et de refuser d'accepter la maltraitance ou la manipulation. En vous donnant des connaissances et du soutien, vous pouvez naviguer dans ces relations difficiles avec clarté et force, favorisant ainsi une dynamique plus saine dans votre vie.

# Savoir quand s'éloigner

Savoir quand s'éloigner d'une relation avec un narcissique peut être une décision difficile mais essentielle pour votre bien-être émotionnel. Il est crucial de reconnaître les signes indiquant qu'il est temps de mettre fin à la relation. Souvent, ces signes se manifestent par des schémas cohérents de manipulation, un manque d'empathie et des abus émotionnels. Vous pouvez vous retrouver constamment à remettre en question votre valeur, à vous sentir épuisé ou anxieux en leur présence, ou à vivre un cycle d'idéalisation suivi de dévalorisation. Faire confiance à votre instinct et reconnaître ces signaux d'alarme est la première étape vers la récupération de votre propre estime de soi et de votre sécurité.

Se préparer et mettre en œuvre une sortie en toute sécurité d'une relation avec un narcissique nécessite une planification minutieuse et un courage émotionnel. Commencez par documenter tout incident d'abus ou de manipulation pour vos propres dossiers. Cela permet non seulement de valider votre expérience, mais aussi de vous rappeler pourquoi il est nécessaire de partir. Développez un réseau de soutien d'amis, de membres de la famille ou de professionnels de confiance qui peuvent offrir un soutien émotionnel et une assistance pratique. Planifiez votre stratégie de sortie en toute discrétion, en assurant votre sécurité et en minimisant les représailles potentielles ou l'escalade de la part du narcissique.

Prendre soin de soi devient primordial au cours de ce processus. Il est facile de négliger vos propres besoins lorsque vous faites face aux exigences d'une relation narcissique. Participez à des activités qui nourrissent votre bien-être physique, émotionnel et mental. Il peut s'agir d'exercice régulier, de pratiques de pleine conscience ou de recherche de conseils pour traiter vos sentiments et reconstruire votre estime de soi. Fixez-vous des limites pour vous protéger contre d'autres dommages, à la fois pendant le processus de séparation et dans les relations futures. N'oubliez pas que la guérison prend du temps et qu'il n'y a pas de mal à demander l'aide d'un professionnel pour traverser cette transition difficile.

Tout au long de tout cela, rappelez-vous que vous méritez d'être traité avec gentillesse, respect et empathie. S'éloigner d'une relation avec un narcissique n'est pas un signe de faiblesse, mais plutôt un pas courageux vers la récupération de votre propre bonheur et de votre santé émotionnelle. Entourez-vous de personnes qui vous soutiennent et qui valident vos expériences et vous offrent un espace sûr pour la guérison. En fin de compte, en donnant la priorité à votre bien-être et en reconnaissant votre propre valeur, vous pouvez commencer à reconstruire une vie libérée de la toxicité des relations narcissiques.

# Partie 4

## Guérison et récupération

Comprendre les traumatismes et les abus est crucial pour naviguer dans les relations narcissiques, que vous y fassiez face vous-même ou que vous souteniez quelqu'un d'autre. Le traumatisme fait référence à toute expérience profondément pénible ou perturbante qui submerge la capacité d'un individu à faire face. La maltraitance, quant à elle, implique la maltraitance ou l'exploitation d'une personne, entraînant souvent des dommages physiques, émotionnels ou psychologiques. Ces expériences peuvent laisser des cicatrices durables sur le bien-être mental et émotionnel d'une personne.

L'impact des traumatismes et des abus sur la santé mentale et émotionnelle est profond. Les personnes qui ont vécu de telles expériences sont souvent aux prises avec une série de problèmes, notamment l'anxiété, la dépression, une faible estime de soi et la difficulté à faire confiance aux autres. Ils peuvent avoir des flashbacks, des cauchemars ou de l'hypervigilance, constamment à l'affût des menaces potentielles. Ces effets peuvent perturber la vie quotidienne, les relations et le sentiment général de bien-être, créant un cycle de douleur et de détresse.

Demander de l'aide et du soutien est crucial pour guérir des traumatismes et des abus, en particulier lorsqu'il s'agit de traiter avec le trouble de la personnalité narcissique (TNP). Il n'est pas facile de relever ces défis seul. La thérapie professionnelle offre un espace sûr pour traiter les émotions, explorer des stratégies d'adaptation et travailler sur l'impact des expériences passées. Les thérapeutes formés aux soins tenant compte des traumatismes comprennent les complexités de l'abus narcissique et peuvent offrir des conseils adaptés aux besoins individuels.

Au-delà de la thérapie, les réseaux de soutien jouent un rôle essentiel. Se connecter avec des amis, des membres de la famille ou des groupes de soutien compréhensifs peut apporter validation et solidarité. Le fait de partager des expériences avec d'autres personnes qui ont fait face à des défis similaires peut réduire les sentiments d'isolement et de honte, favorisant ainsi un sentiment de communauté et d'appartenance. Le soutien par les pairs peut offrir des conseils pratiques, de l'empathie et des encouragements sur le chemin de la guérison et du rétablissement.

Pour comprendre les traumatismes et les abus, il faut reconnaître les blessures profondes qu'ils laissent et l'impact profond qu'ils ont sur le bien-être mental et émotionnel. Demander de l'aide et du soutien n'est pas un signe de faiblesse, mais un pas courageux vers la récupération de sa vie et la reconstruction d'un sentiment de sécurité et d'estime de soi. En adoptant les ressources de guérison et en se connectant avec des communautés de soutien, les personnes touchées par la maltraitance narcissique peuvent s'engager sur la voie de la guérison, de la résilience et de l'autonomisation.

## Le processus de guérison et de rétablissement

La guérison et le rétablissement de l'abus narcissique sont un voyage qui nécessite de la patience, de la compréhension et un engagement envers l'auto-restauration. Il commence par la reconnaissance des blessures profondes infligées par le trouble de la personnalité narcissique (TNP) et la compréhension que la guérison est non seulement possible, mais essentielle pour retrouver sa vie et son bien-être.

Au cœur du processus se trouve le dénouement des nœuds psychologiques laissés par le NPD. Les victimes se retrouvent souvent empêtrées dans des cycles de gaslighting, de manipulation et de troubles émotionnels. Pour démêler ces nœuds, il faut d'abord reconnaître les schémas de violence et leur impact sur les émotions, l'estime de soi et les relations. Il s'agit de reconnaître la réalité de ce qui a été vécu, de valider ces sentiments et d'accepter que l'abus n'était ni mérité ni justifiable.

La recherche de soutien est cruciale dans ce parcours. La création d'un réseau de soutien de personnes de confiance qui peuvent apporter de l'empathie, de la validation et une aide pratique peut contribuer de manière significative à la guérison. Ce réseau peut inclure des amis, des membres de la famille, des thérapeutes, des groupes de soutien ou des communautés en ligne où les expériences peuvent être partagées sans crainte de jugement. S'ouvrir aux autres sur les expériences d'abus narcissiques peut être intimidant, mais c'est une étape essentielle pour briser le silence et recevoir la compréhension nécessaire à la guérison.

Les soins personnels apparaissent comme la pierre angulaire du rétablissement. Souvent négligé lors du traumatisme de l'abus narcissique, l'auto-soin consiste à prendre soin de soi physiquement, émotionnellement et spirituellement. Il s'agit de réapprendre à donner la priorité à ses propres besoins et à son bien-être, que ce soit en établissant des limites saines, en s'engageant dans des activités qui apportent joie et épanouissement, ou en recherchant de l'aide professionnelle si nécessaire. L'autocompassion, en particulier, devient un outil puissant pour contrer le discours intérieur négatif et l'auto-culpabilité souvent instillés par les agresseurs narcissiques. Il s'agit de se traiter avec la même gentillesse et la même compréhension que l'on offrirait à un ami confronté à des défis similaires.

De plus, la guérison de l'abus narcissique implique un voyage de redécouverte de son identité et de reconstruction de l'estime de soi. Il s'agit d'explorer et de renouer avec ses forces, ses valeurs et ses aspirations qui ont pu être obscurcies ou minées pendant la relation abusive. Ce processus est progressif et non linéaire, marqué par des moments de progrès ainsi que par des revers. Il faut de la patience et de la persévérance, en reconnaissant que la guérison se déroule à son propre rythme.

En fin de compte, le processus de guérison et de rétablissement de l'abus narcissique consiste à récupérer l'autonomie et la paternité de l'histoire de sa vie. Il s'agit de passer d'un état de victimisation à celui d'autonomisation, où les expériences passées deviennent des leçons plutôt que des facteurs déterminants. C'est un voyage vers la récupération d'un sentiment de sécurité, de confiance et d'espoir pour l'avenir, guidé par la conscience de soi, la compassion et le soutien indéfectible de ceux qui se soucient vraiment. Dans ce voyage, chaque pas franchi vers la guérison témoigne de la résilience et de la capacité humaine innée de renouveau et de croissance.

## Bâtir un réseau de soutien et demander de l'aide

La création d'un réseau de soutien et la recherche d'aide sont des étapes cruciales pour naviguer dans les complexités du trouble de la personnalité narcissique (TNP), que vous y fassiez face vous-même ou que vous souteniez quelqu'un d'autre à travers celui-ci.

Tout d'abord, on ne saurait trop insister sur l'importance de la création d'un réseau de soutien. Lorsque vous êtes confronté à un **NPD**, vous pouvez vous sentir isolé et accablant. Avoir un réseau de soutien vous donne une bouée de sauvetage – un groupe de personnes qui comprennent, font preuve d'empathie et peuvent fournir un soutien émotionnel. Ce réseau peut inclure des amis de confiance, des membres de la famille capables de comprendre, ou même des groupes de soutien où des personnes partagent des expériences similaires. Chaque personne de votre réseau de soutien joue un rôle unique, qu'il s'agisse de prêter une oreille attentive, d'offrir une aide pratique ou simplement d'être là pour valider vos sentiments. Ces liens sont essentiels pour vous rappeler que vous n'êtes pas seul et qu'il y a des gens qui se soucient de vous et qui veulent vous accompagner dans votre cheminement de guérison.

Chercher de l'aide et trouver des ressources est la prochaine étape vitale. Il faut d'abord reconnaître que la gestion des **NPD** nécessite des conseils professionnels. Commencez par consulter un thérapeute ou un conseiller spécialisé dans les troubles de la personnalité. Ils peuvent vous offrir des informations inestimables, des stratégies et des conseils personnalisés adaptés à votre situation particulière. Les thérapeutes peuvent vous aider à comprendre les causes sous-jacentes des comportements NPD, enseigner les mécanismes d'adaptation et vous guider à travers les défis émotionnels qui se présentent.

De plus, ne sous-estimez pas la valeur des groupes de soutien. Ces rassemblements rassemblent des personnes qui partagent des expériences similaires avec le NPD, créant ainsi un espace sûr pour la compréhension et le soutien mutuels. Dans ces groupes, les participants échangent souvent des stratégies d'adaptation, partagent des histoires et offrent des encouragements basés sur leurs propres parcours. Le sentiment de camaraderie et de validation peut être extrêmement stimulant, vous aidant à vous sentir compris et accepté d'une manière qui pourrait être difficile à trouver ailleurs.

La thérapie et les groupes de soutien offrent des avantages uniques qui se complètent. La thérapie offre une attention individuelle, des plans de traitement personnalisés et une expertise professionnelle, tandis que les groupes de soutien offrent un soutien par les pairs, des expériences partagées et une communauté de personnes qui comprennent vraiment ce que vous vivez. Les deux voies contribuent à votre réseau de soutien global, en renforçant votre résilience et en vous fournissant les outils nécessaires pour naviguer dans les complexités de la NPD.

La création d'un réseau de soutien et la recherche d'une aide professionnelle font partie intégrante de la guérison du trouble de la personnalité narcissique. Ils fournissent un soutien émotionnel essentiel, des conseils pratiques et un sentiment d'appartenance qui sont essentiels dans votre cheminement vers le rétablissement. En investissant dans ces ressources, vous vous donnez la force et la résilience nécessaires pour faire face aux défis, cultiver des relations plus saines et, en fin de compte, mener une vie plus épanouissante. N'oubliez pas que demander de l'aide n'est pas un signe de faiblesse, mais un pas courageux vers la guérison et la croissance.

## Le pardon et le lâcher-prise

Le pardon et le lâcher-prise sont des processus profonds sur le chemin de la guérison des relations narcissiques, qu'il s'agisse de faire face à ses propres traits narcissiques ou de naviguer dans des relations avec une personne atteinte de trouble de la personnalité narcissique (TNP).

### Expliquer le processus du pardon et du lâcher-prise

Le pardon commence comme un changement intérieur, une décision consciente de libérer le ressentiment et les émotions négatives liés aux blessures passées. Il ne s'agit pas de tolérer ou d'oublier ce qui s'est passé ; il s'agit plutôt de se libérer du fardeau émotionnel qui nous maintient ancrés dans la douleur. Le lâcher-prise complète le pardon en nous permettant de relâcher l'emprise des griefs passés, libérant ainsi notre esprit et notre cœur des pensées récurrentes et de l'amertume.

Pardonner dans le contexte du NPD implique de comprendre les complexités du trouble – comment les comportements narcissiques découlent d'insécurités profondément enracinées et d'une image de soi déformée. C'est reconnaître que les actions d'un narcissique reflètent souvent ses luttes internes plutôt qu'une attaque personnelle contre nous. Cette perspective n'excuse pas les comportements nuisibles, mais nous aide à dépersonnaliser les blessures infligées.

### Discuter des bienfaits du pardon et du lâcher-prise

Les avantages du pardon et du lâcher-prise sont profonds et multiformes. Sur le plan émotionnel, le pardon réduit le stress, la colère et l'anxiété. Il ouvre la porte à la guérison en nous permettant de rediriger notre énergie vers une croissance positive plutôt que de nous attarder sur les griefs passés. Physiquement, lâcher prise de l'amertume peut abaisser la tension artérielle et améliorer la santé globale.

À un niveau plus profond, pardonner à un narcissique ou à soi-même pour des comportements motivés par des traits narcissiques favorise l'empathie et la compassion. Il déplace l'attention du blâme vers la compréhension, facilitant la résilience émotionnelle et la paix intérieure. C'est un pas vers la récupération du pouvoir personnel et la libération du cycle de la victimisation qui accompagne souvent les relations narcissiques.

## Conseils pour travailler vers le pardon et le lâcher-prise

Travailler vers le pardon commence par la conscience de soi et l'acceptation. Il s'agit de reconnaître et de valider ses émotions – colère, blessure, trahison – sans jugement. Il est important de se donner la permission de ressentir pleinement ces émotions avant de s'embarquer sur le chemin du pardon.

Pratiquer l'empathie envers soi-même et le narcissique peut être transformateur. Comprendre que tout le monde a des vulnérabilités et des imperfections aide à humaniser l'expérience. Fixer des limites devient crucial pour maintenir le respect de soi et protéger son bien-être émotionnel.

S'engager dans des pratiques d'auto-soins telles que la pleine conscience, la thérapie et la tenue d'un journal peut aider à traiter les émotions et à gagner en clarté. La réflexion sur la croissance personnelle et les leçons tirées de l'expérience déplace l'accent de la victimisation vers l'autonomisation.

En fin de compte, le pardon et le lâcher-prise sont des processus continus, et non des événements ponctuels. Il est normal d'avoir des revers et des moments de colère ou de tristesse. La patience et l'autocompassion sont essentielles pour naviguer dans ces complexités et embrasser la guérison.

Le pardon et le lâcher-prise sont des actes transformateurs d'amour de soi et d'autonomisation. Ils nous libèrent des chaînes du ressentiment et de la douleur, nous permettant de retrouver notre liberté émotionnelle et de tracer un chemin vers la guérison et la découverte de soi authentique à la suite de relations narcissiques.

# Reconstruction de l'estime de soi et de la confiance en soi

Rétablir l'estime de soi et la confiance après avoir vécu des relations narcissiques peut être un voyage difficile mais transformateur. Cela commence par la compréhension que votre valeur personnelle n'est pas définie par la validation ou l'approbation des autres, en particulier des narcissiques qui prospèrent en sapant la confiance. Au lieu de cela, il s'agit de récupérer votre sens de la valeur et de reconstruire de l'intérieur.

Une stratégie efficace consiste à se concentrer sur vos forces et vos réalisations. Réfléchissez aux moments de votre vie où vous vous êtes senti capable et accompli, quelle que soit la négativité à laquelle vous avez pu être confronté. Célébrez ces succès, aussi petits soient-ils au premier abord. Cette pratique aide à changer progressivement votre perception de soi, passant d'une perception influencée par la critique à une perception enracinée dans l'affirmation de soi.

De plus, prendre soin de soi et faire preuve d'autocompassion sont des aspects cruciaux de ce processus de guérison. Prendre soin de soi consiste à donner la priorité à votre bien-être physique, émotionnel et mental. Cela peut être aussi simple que d'établir une routine quotidienne qui comprend de l'exercice, des repas nutritifs et suffisamment de repos. S'engager dans des activités qui apportent joie et détente, qu'il s'agisse de lire, de jardiner ou de passer du temps avec vos proches, peut également reconstituer votre esprit.

Il est tout aussi important de pratiquer l'autocompassion, ce qui implique de vous traiter avec la même gentillesse et la même compréhension que vous offririez à un ami confronté à des défis similaires. Il s'agit de reconnaître votre douleur et vos luttes sans jugement, et d'accepter les imperfections dans le cadre de votre parcours unique. Cet état d'esprit compatissant favorise la résilience et aide à reconstruire progressivement une image de soi plus positive.

Remettre en question le discours intérieur et les croyances négatives est une autre étape cruciale vers la reconstruction de l'estime de soi. Souvent, après avoir subi des abus narcissiques, les individus intériorisent des messages préjudiciables sur leur valeur et leurs capacités. Reconnaître ces schémas négatifs implique de devenir conscient de votre dialogue intérieur. Lorsque des pensées autocritiques surgissent, remettez consciemment en question leur validité. Sont-ils basés sur des faits ou des perceptions déformées imposées par des expériences passées ?

En remettant en question ces croyances, vous ouvrez un espace pour des récits plus équilibrés et plus stimulants sur vous-même. Il s'agit de recadrer les revers comme des opportunités de croissance et de reconnaître vos forces et vos réalisations. Le fait de s'entourer de personnes qui vous soutiennent et qui valident peut également vous permettre de vous confronter à la réalité contre les perceptions déformées de soi, de renforcer les affirmations positives et de vous aider à reprendre confiance en votre propre jugement.

Essentiellement, reconstruire l'estime de soi et la confiance après des relations narcissiques implique un voyage de découverte de soi et d'acceptation de soi. Il s'agit de se réapproprier son récit, d'embrasser sa valeur inhérente et de cultiver une relation compatissante avec soi-même. Grâce à des stratégies telles que la célébration des réalisations, la pratique de l'autogestion de la santé et de l'autocompassion, et la remise en question du discours intérieur négatif, vous ouvrez la voie à la guérison et à l'établissement d'un sentiment de soi plus fort et plus résilient.

# Partie 5

# Croissance et développement personnels

Le développement d'un état d'esprit de croissance est crucial pour naviguer dans les complexités du trouble de la personnalité narcissique (TNP), que vous y soyez confronté en vous-même ou chez quelqu'un d'autre. À la base, un état d'esprit de croissance consiste à accepter la croyance que les capacités et l'intelligence peuvent être développées grâce au dévouement et au travail acharné. Cela contraste avec un état d'esprit fixe, qui considère les capacités comme innées et immuables.

Les avantages de l'adoption d'un état d'esprit de croissance sont profonds. Il permet aux individus de considérer les défis comme des opportunités de croissance plutôt que comme des obstacles. En comprenant que les échecs et les revers font partie du processus d'apprentissage, les personnes ayant un état d'esprit de croissance sont plus résilientes face à l'adversité. Cette résilience est essentielle pour faire face aux défis émotionnels qui accompagnent souvent les interactions avec des personnes présentant des traits narcissiques.

Pour cultiver un état d'esprit de croissance, plusieurs stratégies peuvent être incroyablement efficaces. Tout d'abord, il y a la pratique de la conscience de soi et de l'autoréflexion. En surveillant activement vos pensées et vos croyances sur vos capacités, vous pouvez identifier et remettre en question toute tendance à l'état d'esprit fixe. Cela implique d'être conscient de votre dialogue intérieur et de recadrer les pensées négatives en opportunités d'apprentissage et d'amélioration.

Une autre stratégie consiste à embrasser l'amour de l'apprentissage. Participez à des activités qui élargissent vos capacités et vous mettent au défi d'acquérir de nouvelles compétences. Il peut s'agir d'une éducation formelle, de passe-temps ou même de nouveaux projets au travail. La clé est d'aborder ces efforts avec curiosité et ouverture à l'acquisition de nouvelles connaissances et expériences.

De plus, il est crucial de favoriser la résilience face aux revers. Comprenez que les revers ne sont pas des indicateurs de votre valeur ou de vos capacités inhérentes, mais plutôt des occasions d'apprendre et de devenir plus fort. Ce changement de perspective peut aider à atténuer l'impact des interactions négatives avec les personnes présentant des comportements narcissiques, vous permettant de vous concentrer sur la croissance personnelle plutôt que de vous laisser emporter par des sentiments d'inadéquation ou de frustration.

Dans le contexte de la croissance et du développement personnels, un état d'esprit de croissance peut être transformateur. Il encourage l'auto-amélioration continue et une approche proactive pour surmonter les défis. En considérant chaque expérience comme une chance d'apprendre et de se développer, les individus peuvent cultiver un sentiment plus profond d'épanouissement et de but dans leur vie.

De plus, un état d'esprit de croissance favorise un sentiment d'agence et d'autonomisation. Plutôt que de se sentir impuissants face à des circonstances difficiles, les personnes ayant un état d'esprit de croissance s'approprient leurs actions et leurs choix. Cette attitude proactive peut être particulièrement bénéfique lors de la navigation dans des relations affectées par des traits narcissiques, car elle favorise des limites et des stratégies de communication plus saines.

En fin de compte, le développement d'un état d'esprit de croissance ne consiste pas seulement à améliorer les capacités cognitives ou les compétences professionnelles ; Il s'agit de cultiver un état d'esprit résilient et adaptatif qui améliore le bien-être général. En adoptant la croyance en votre capacité de croissance et de développement, vous pouvez relever les défis posés par le trouble de la personnalité narcissique avec plus de résilience, d'empathie et de perspicacité personnelle. Ce voyage vers un état d'esprit de croissance n'est pas toujours facile, mais il est sans aucun doute transformateur, conduisant à une plus grande conscience de soi, à une intelligence émotionnelle et à un épanouissement dans le voyage de la vie.

## Développer la résilience émotionnelle

Le renforcement de la résilience émotionnelle est crucial pour naviguer dans les complexités des relations affectées par le trouble de la personnalité narcissique (TNP). Il s'agit d'une compétence fondamentale qui aide non seulement à faire face aux défis, mais favorise également la croissance et le développement personnels. À la base, la résilience émotionnelle permet aux individus de rebondir face à l'adversité, de maintenir leur bien-être mental et de cultiver des relations plus saines.

La résilience émotionnelle est essentielle car elle agit comme un bouclier contre la tourmente émotionnelle souvent associée à la dynamique du NPD. Lorsqu'il s'agit d'individus narcissiques, qui peuvent présenter des traits tels que la manipulation, le gaslighting ou la volatilité émotionnelle, la résilience émotionnelle aide à maintenir son sentiment d'estime de soi et de stabilité. Il permet aux individus de reconnaître et de gérer efficacement leurs propres émotions, réduisant ainsi l'impact des interactions négatives.

Il existe plusieurs stratégies qui peuvent aider à renforcer la résilience émotionnelle. Tout d'abord, il y a la conscience de soi, c'est-à-dire la compréhension de ses émotions, de ses déclencheurs et de ses réponses. Cette prise de conscience constitue la base du développement de mécanismes d'adaptation et de limites plus sains. Fixer des limites claires est essentiel lorsqu'il s'agit de personnalités narcissiques, car cela aide à protéger son espace émotionnel et à prévenir la manipulation.

La pratique de la pleine conscience et de la méditation peut également renforcer la résilience en favorisant un état d'esprit calme et centré, ce qui est crucial lors d'interactions stressantes.

De plus, cultiver un solide réseau de soutien d'amis, de membres de la famille ou de thérapeutes fournit un soutien émotionnel et une validation inestimables. Ces relations offrent un espace sûr pour traiter les expériences et prendre du recul, renforçant ainsi la résilience. La pratique d'activités qui favorisent les soins personnels et le soulagement du stress, comme l'exercice, les passe-temps ou les activités créatives, améliore encore le bien-être émotionnel et la résilience.

La résilience émotionnelle dote les individus de la capacité de faire face aux défis et aux revers de manière constructive. Face à un comportement narcissique, la résilience permet aux individus de maintenir leur sentiment d'identité et leur estime de soi, malgré les tentatives de les miner. Il favorise l'adaptabilité et la flexibilité dans la gestion de relations difficiles, permettant aux individus de faire valoir leurs besoins avec assurance tout en restant empathiques et compatissants.

De plus, la résilience émotionnelle encourage la croissance et l'apprentissage des expériences avec les personnalités narcissiques. Il facilite le développement des compétences d'affirmation de soi, des stratégies de communication efficaces et des capacités de résolution de conflits. En recadrant les revers comme des opportunités de croissance personnelle, les individus peuvent transformer des interactions difficiles en catalyseurs d'auto-amélioration et d'autonomisation.

Il permet aux individus de maintenir leur bien-être émotionnel, de fixer des limites et de naviguer dans des relations difficiles avec plus de facilité et de confiance. En favorisant la conscience de soi, en cultivant des relations de soutien et en prenant soin de soi, les individus peuvent développer la résilience nécessaire pour s'épanouir malgré les défis posés par les comportements narcissiques. La résilience émotionnelle renforce non seulement la capacité d'adaptation, mais facilite également la croissance personnelle et favorise des relations plus saines et plus épanouissantes à long terme.

## Cultiver l'empathie et la compassion

L'empathie et la compassion ne sont pas seulement des vertus ; ce sont des outils essentiels pour naviguer dans la dynamique complexe des relations affectées par le trouble de la personnalité narcissique (TNP). Comprendre leur signification va au-delà de la simple sympathie – il s'agit de se connecter profondément avec les expériences des autres, de valider leurs émotions et de favoriser une compréhension authentique.

L'empathie constitue la pierre angulaire de l'intelligence émotionnelle. Cela nous permet de nous mettre à la place d'une autre personne, de voir le monde à travers ses yeux. Dans le contexte du NPD, où les individus peuvent eux-mêmes avoir du mal à faire preuve d'empathie, cultiver ce trait devient crucial à la fois pour la croissance personnelle et la gestion des relations. En étant à l'écoute des sentiments des autres, nous établissons non seulement des liens plus forts, mais nous comprenons également leurs perspectives et leurs besoins.

La compassion complète l'empathie en nous motivant à agir avec gentillesse et compréhension, même dans des situations difficiles. Il s'agit de reconnaître la souffrance, qu'elle soit la nôtre ou celle des autres, et d'y répondre avec attention et soutien. Pour ceux qui sont confrontés à un NPD, faire preuve de compassion ne signifie pas excuser un comportement nuisible, mais plutôt aborder les interactions avec patience et empathie.

Pour cultiver l'empathie et la compassion, commencez par la conscience de soi. Réfléchissez à vos propres émotions et réponses. Pratiquez l'écoute active, c'est-à-dire en accordant toute votre attention aux autres sans jugement ni interruption. Validez leurs sentiments en reconnaissant leurs expériences sans essayer immédiatement de les réparer ou de les rejeter. Cela valide leurs émotions et favorise la confiance.

Une autre stratégie consiste à faire des exercices de prise de perspective. Imaginez ce que quelqu'un d'autre pourrait ressentir dans une situation donnée. Cet exercice vous aide à élargir votre compréhension des différents points de vue, ce qui renforce l'empathie dans les interactions. Les techniques de pleine conscience, telles que la méditation, peuvent également renforcer la compassion en encourageant la prise de conscience sans jugement de vos propres émotions et de celles des autres.

Dans les relations affectées par le NPD, l'empathie et la compassion peuvent être transformatrices. Ils créent un espace sûr pour une communication honnête et un respect mutuel, favorisant ainsi une dynamique plus saine. Lorsqu'une personne atteinte de NPD se sent comprise et valorisée, elle peut être plus ouverte à prendre en compte les points de vue des autres et à travailler à des solutions constructives.

De plus, la pratique de l'empathie et de la compassion améliore le bien-être général. Il réduit le stress, améliore la santé mentale et favorise la résilience émotionnelle. En cultivant ces qualités, les individus améliorent non seulement leur propre vie, mais contribuent également positivement à la vie de ceux qui les entourent.

L'empathie et la compassion sont des outils puissants pour naviguer dans les relations affectées par le trouble de la personnalité narcissique. Ils permettent des liens plus profonds, favorisent la compréhension et favorisent la croissance des individus et des relations. En privilégiant ces qualités, les individus peuvent cultiver une dynamique plus saine et améliorer leur bien-être général, ouvrant la voie à des interactions plus épanouissantes et compatissantes.

## Améliorer les compétences en communication

L'amélioration des compétences en communication dans le contexte de la gestion du trouble de la personnalité narcissique (TNP) est cruciale pour favoriser des interactions plus saines et la croissance personnelle. Une communication efficace constitue le fondement de toutes les relations, mais elle prend une importance supplémentaire lorsqu'il s'agit de naviguer dans les complexités de la NPD.

À la base, une communication efficace ne se limite pas à la transmission d'informations. Il s'agit de favoriser la compréhension, l'empathie et la connexion. Lorsqu'il s'agit d'une personne atteinte de NPD, cela devient particulièrement difficile en raison de sa tendance à la manipulation, à la défensive ou à son manque d'empathie. Cependant, l'amélioration de vos propres compétences en communication peut modifier considérablement la dynamique de ces interactions.

L'une des stratégies clés pour améliorer la communication implique l'écoute active. Cela signifie non seulement entendre les mots, mais aussi comprendre leurs significations et émotions sous-jacentes. Pour une personne atteinte de trouble neurocognitif non transmissible, qui peut avoir du mal à exprimer sa vulnérabilité ou à comprendre le point de vue des autres, l'écoute active peut faire tomber les barrières. Il s'agit de prêter attention, de paraphraser pour s'assurer de comprendre et de faire preuve d'empathie envers leurs sentiments, même si vous n'êtes pas d'accord avec leur point de vue.

Un autre aspect critique est l'affirmation de soi. La communication assertive trouve un équilibre entre la passivité et l'agressivité. Il s'agit d'exprimer vos pensées, vos sentiments et vos besoins de manière claire et respectueuse, tout en écoutant les autres. Lorsqu'il s'agit d'une personne atteinte de NPD, l'affirmation de soi peut empêcher la manipulation ou l'exploitation tout en maintenant les limites et le respect de soi.

De plus, l'amélioration de la communication non verbale peut améliorer les interactions. Les indices non verbaux tels que les expressions faciales, le langage corporel et le ton de la voix transmettent souvent plus que les mots seuls. Être conscient de ces indices peut aider à naviguer dans les conversations avec une personne atteinte de NPD, qui peut mal interpréter ou ne pas tenir compte de la communication verbale.

On ne saurait trop insister sur l'impact d'une communication efficace sur les relations. Il favorise la confiance, favorise le respect mutuel et renforce les liens émotionnels. Dans le contexte du NPD, où les relations souffrent souvent de problèmes de confiance ou de manipulation émotionnelle, une communication efficace peut être transformatrice. Il encourage des modes d'interaction plus sains, réduit les conflits et favorise un environnement favorable où les deux parties se sentent entendues et valorisées.

De plus, une communication efficace contribue au bien-être général. Il réduit le stress en résolvant rapidement les malentendus, améliore les compétences de résolution de problèmes en encourageant un dialogue ouvert et favorise la résilience émotionnelle. Pour les personnes aux prises avec un TNP, le développement de ces compétences peut conduire à une plus grande conscience de soi et à une plus grande confiance dans la gestion de relations difficiles.

Bien que l'amélioration des compétences en communication nécessite des efforts et de la pratique, ses avantages sont profonds lorsqu'il s'agit de traiter le trouble de la personnalité narcissique. En écoutant activement, en s'affirmant respectueusement et en étant attentif aux indices non verbaux, les individus peuvent naviguer plus efficacement dans les interactions. Cela améliore non seulement les relations, mais aussi la croissance personnelle et le bien-être émotionnel, favorisant ainsi des relations plus saines et plus épanouissantes dans les domaines personnel et professionnel.

# Fixer des limites saines

Fixer des limites saines n'est pas seulement une compétence pratique ; c'est la pierre angulaire du bien-être émotionnel, en particulier lorsqu'il s'agit de naviguer dans des relations affectées par le trouble de la personnalité narcissique (TNP). Les limites agissent comme des garde-fous, définissant où nous finissons et où les autres commencent, protégeant notre espace émotionnel et mental. Il est crucial de comprendre leur importance. Sans limites, nous risquons l'épuisement émotionnel, le ressentiment et la confusion quant à nos propres besoins et limites.

Imaginez les limites comme les clôtures autour de nos jardins émotionnels. Ils protègent notre estime de soi et empêchent les autres de piétiner nos sentiments ou d'exploiter nos vulnérabilités. Pour ceux qui sont confrontés à des troubles neurocognitifs, les limites deviennent encore plus critiques. Les personnes atteintes de NPD brouillent souvent les frontières, cherchant à dominer les conversations, à manipuler les émotions ou à ignorer les besoins des autres. Fixer des limites claires devient une forme d'autoprotection, nous permettant d'affirmer fermement nos besoins et de maintenir notre sentiment d'identité.

Pour établir des limites saines, commencez par la conscience de soi. Identifiez vos limites, ce qui vous met mal à l'aise et où vous vous sentez épuisé émotionnellement. Cette autoréflexion ouvre la voie à une communication claire. Exprimez vos limites avec assurance mais respectueusement. Utilisez des déclarations au « je » pour expliquer comment certains comportements vous affectent personnellement. Par exemple, « Je me sens dépassé quand tu me critiques constamment » affirme votre limite sans attaquer l'autre personne.

La cohérence est essentielle dans l'établissement des limites. Les personnes atteintes de NPD peuvent tester les limites, repousser les limites pour garder le contrôle. Restez ferme et cohérent dans l'application de vos limites. Il ne s'agit pas d'être rigide, mais d'honorer vos besoins émotionnels et votre respect de soi. Comprendre que fixer des limites ne consiste pas à changer les autres ; Il s'agit de vous donner les moyens de réagir différemment à leurs comportements.

Des limites saines transforment les relations. Ils favorisent le respect mutuel et la confiance, clarifient les attentes et réduisent les conflits. Dans les relations affectées par le NPD, les limites créent un espace sûr où vous pouvez interagir sans vous sentir manipulé ou invalidé. Ils vous permettent de donner la priorité à votre bien-être émotionnel sans culpabilité, ce qui améliore votre résilience et votre capacité à gérer les interactions difficiles.

Au-delà des relations, des limites saines améliorent le bien-être général. Ils favorisent l'autogestion de la santé en prévenant l'épuisement professionnel et en favorisant une prise de décision plus saine. Lorsque nous respectons nos limites, nous cultivons le respect de soi et la résilience, des qualités essentielles pour relever les défis de la vie. Les limites nous encouragent à donner la priorité à nos besoins, en favorisant une vie équilibrée où notre santé émotionnelle et mentale s'épanouit.

Essentiellement, fixer des limites saines est un acte profond d'autocompassion. Il s'agit de se valoriser suffisamment pour protéger son paysage émotionnel, même face à des personnalités difficiles comme celles atteintes de NPD. En adoptant des limites, vous récupérez votre pouvoir de façonner vos relations et de maintenir votre intégrité émotionnelle. N'oubliez pas que les limites ne sont pas des murs ; Ce sont des ponts qui favorisent des liens plus sains et plus authentiques avec les autres tout en préservant votre propre bien-être.

# Partie 6

## Communication efficace et résolution des conflits

L'écoute active n'est pas seulement une activité passive ; C'est un outil puissant qui peut transformer la façon dont nous nous connectons avec les autres, en particulier dans les relations marquées par des traits de personnalité narcissiques. En étant vraiment à l'écoute de ce que quelqu'un dit sans jugement ni interruption, nous faisons preuve de respect et validons ses sentiments. Cette validation est cruciale car les personnes ayant des tendances narcissiques se sentent souvent incomprises ou ignorées, ce qui conduit à une escalade des conflits.

Lorsque nous écoutons activement, nous faisons preuve d'empathie et de compréhension. Il s'agit non seulement d'entendre les mots prononcés, mais aussi de saisir les émotions et les intentions sous-jacentes. Cette compétence est fondamentale pour naviguer dans les interactions avec les individus narcissiques, où les ruptures de communication sont courantes en raison de leur sensibilité à la critique et de leur besoin de validation.

Des stratégies de communication efficaces complètent l'écoute active en favorisant des échanges plus clairs et en minimisant les malentendus. Tout d'abord, l'utilisation de déclarations au « je » au lieu de déclarations accusatrices « vous » peut désamorcer les tensions. Par exemple, dire « Je me sens blessé quand... au lieu de « Tu me fais toujours sentir... » met l'accent sur les sentiments personnels plutôt que sur le blâme, encourageant un dialogue plus constructif.

Une autre stratégie consiste à paraphraser et à résumer ce que l'autre personne a dit pour assurer une compréhension mutuelle. Cela permet non seulement de clarifier le message, mais aussi de montrer que leurs paroles ont été entendues et traitées. Avec les personnalités narcissiques, qui peuvent avoir du mal à reconnaître les points de vue des autres, cette technique peut être particulièrement précieuse pour combler le fossé de l'empathie.

De plus, fixer des limites et des attentes claires à l'avance peut empêcher les conflits de s'aggraver. En énonçant calmement les limites et en discutant des objectifs mutuels, les deux parties peuvent se sentir respectées et entendues. Cette approche proactive réduit la probabilité de malentendus et renforce l'importance du respect mutuel dans la communication.

L'écoute active et une communication efficace sont transformatrices dans l'amélioration des relations et la résolution des conflits, en particulier lorsqu'il s'agit de traits narcissiques. En écoutant activement, nous créons un environnement où les individus se sentent en sécurité pour s'exprimer, réduisant ainsi le besoin de comportements défensifs souvent observés dans les réponses narcissiques. Ce processus renforce la confiance et les liens émotionnels, favorisant ainsi des interactions plus saines au fil du temps.

De plus, ces pratiques favorisent l'empathie et la compréhension mutuelles, composantes essentielles à la gestion constructive des conflits. Lorsque les deux parties s'engagent dans une écoute active, les conflits sont moins susceptibles de dégénérer en disputes animées ou en retrait émotionnel. Au lieu de cela, ils deviennent des opportunités de croissance et de compromis, où les besoins et les perspectives de chaque personne sont reconnus et respectés.

Dans les relations affectées par la dynamique narcissique, l'écoute active et la communication efficace offrent une voie vers la guérison et la réconciliation. Ils fournissent un cadre pour aborder les problèmes sous-jacents et construire des modèles d'interaction plus sains. En se concentrant sur la compréhension plutôt que sur le blâme, les individus peuvent relever les défis avec plus d'empathie et de patience, favorisant ainsi la résilience et le respect mutuel.

Ce que je dis ici, c'est que la maîtrise de ces compétences nécessite de la pratique et de l'engagement de la part des deux parties concernées. Il s'agit de cultiver un état d'esprit d'ouverture et de réceptivité, même face à des émotions difficiles ou à des conflits passés. En privilégiant l'écoute active et une communication efficace, les individus peuvent créer des relations plus épanouissantes basées sur la compréhension et le soutien mutuels. Cette approche améliore non seulement le bien-être personnel, mais contribue également à un environnement social plus harmonieux et empathique.

# Stratégies de résolution des conflits

La résolution de conflits n'est pas seulement une compétence ; C'est un outil essentiel pour maintenir des relations saines et favoriser le bien-être personnel, en particulier lorsqu'il s'agit de faire face aux complexités du trouble de la personnalité narcissique. À la base, la résolution des conflits consiste à trouver une compréhension mutuelle et un accord au milieu des différences et des tensions. C'est l'art de naviguer à travers les désaccords sans dégénérer en confrontations nuisibles.

Imaginez un scénario où vous avez affaire à un ami ou à un partenaire qui présente des traits de narcissisme. Ils peuvent constamment chercher à être validés, rejeter vos sentiments ou manipuler les situations pour garder le contrôle. Dans de tels cas, des conflits peuvent survenir fréquemment, laissant souvent les deux parties épuisées émotionnellement. Ici, la résolution des conflits devient essentielle. Il vous permet d'aborder les problèmes avec calme et assurance, sans tomber dans le piège de la manipulation émotionnelle ou des luttes de pouvoir.

L'une des stratégies fondamentales dans la résolution des conflits implique l'écoute active et l'empathie. Au lieu de réagir immédiatement aux provocations ou aux manipulations, vous faites une pause, écoutez attentivement les préoccupations sous-jacentes et reconnaissez les émotions impliquées. Cette approche permet non seulement de désamorcer la tension, mais aussi de valider les sentiments de l'autre personne, ce qui est crucial lorsqu'il s'agit de tendances narcissiques.

Une autre stratégie efficace consiste à fixer des limites et des attentes claires. Les personnes ayant des traits narcissiques repoussent souvent les limites et ne tiennent pas compte des besoins des autres. En communiquant clairement vos limites et vos attentes dès le début, vous établissez un cadre pour une interaction respectueuse. Par exemple, vous pourriez affirmer calmement : « Je comprends votre point de vue, mais j'ai besoin que vous respectiez mes limites dans cette situation. »

De plus, le compromis et la négociation jouent un rôle important dans la résolution des conflits. Trouver un terrain d'entente et chercher des solutions gagnant-gagnant peut désamorcer les conflits et instaurer la confiance. Par exemple, si un individu narcissique insiste pour obtenir ce qu'il veut, vous pouvez proposer des solutions alternatives qui répondent aux besoins des deux parties, favorisant ainsi un sentiment de coopération plutôt que de compétition.

L'importance de la résolution des conflits va au-delà de la résolution immédiate des différends. Il jette les bases de relations plus saines et plus durables. En abordant les conflits de manière ouverte et constructive, vous cultivez le respect mutuel et la confiance au fil du temps. Cette approche renforce non seulement les liens personnels, mais améliore également le bien-être émotionnel général.

Prenons l'exemple d'un couple qui navigue à travers les défis des tendances narcissiques d'un partenaire. Grâce à une résolution efficace des conflits, ils apprennent à communiquer plus ouvertement sur leurs besoins et leurs préoccupations. Ils élaborent des stratégies pour résoudre les conflits calmement, sans recourir au blâme ou à la manipulation. Au fil du temps, cette pratique favorise une compréhension et une appréciation plus profondes des points de vue de l'autre, ce qui renforce finalement leur lien.

Dans des contextes sociaux plus larges, la résolution des conflits favorise l'harmonie et la coopération. Que ce soit dans la dynamique familiale, le milieu de travail ou les interactions communautaires, la capacité de résoudre les conflits de manière constructive réduit le stress et favorise une atmosphère positive. Il encourage les individus à exprimer leurs points de vue avec respect et à collaborer vers des objectifs communs.

## Techniques de désescalade

Les techniques de désescalade ne sont pas seulement des outils dans une boîte à outils de résolution de conflits ; ils sont des bouées de sauvetage dans les eaux tumultueuses des relations, en particulier lorsqu'il s'agit de naviguer dans les complexités du trouble de la personnalité narcissique (TNP). Imaginez un scénario où les tensions montent, les voix s'élèvent et les émotions s'enflamment – une scène familière pour toute personne confrontée à des traits de NPD, que ce soit en soi ou chez les autres. Dans ces moments-là, la capacité de désamorcer devient cruciale, comme si l'on dirigeait un navire loin d'une mer houleuse vers des eaux plus calmes.

Prenons l'exemple de Sarah et Alex, un couple aux prises avec les tendances d'Alex au narcissisme. Sarah se retrouve souvent prise dans le tourbillon d'exigences égocentriques et de réactions explosives d'Alex. Un soir, un commentaire apparemment innocent sur les tâches ménagères déclenche la colère d'Alex. Alors que Sarah sent la tension monter, elle utilise une technique de désescalade simple mais efficace : la respiration profonde et l'écoute active. Au lieu de réagir de manière défensive, elle écoute attentivement, reconnaissant les frustrations d'Alex sans alimenter le conflit. Peu à peu, la colère d'Alex s'apaise, remplacée par un dialogue plus rationnel.

L'importance de ces techniques ne réside pas seulement dans la désamorçage des conflits immédiats, mais aussi dans la promotion de relations plus saines et plus résilientes. En restant calme et empathique, Sarah empêche non seulement la dispute de s'envenimer, mais ouvre également une voie à la compréhension mutuelle. Cette approche fait passer la dynamique de la confrontation à la collaboration, où les deux parties se sentent entendues et respectées.

Les stratégies de désescalade sont multiformes, conçues pour désarmer les situations potentiellement explosives avec grâce et efficacité. Une stratégie efficace consiste à utiliser des déclarations au « je », c'est-à-dire à exprimer des sentiments et des préoccupations sans blâmer ni accuser. Par exemple, dire « Je me sens dépassé quand... plutôt que « Vous toujours... » déplace l'attention de l'attaque vers l'expérience personnelle, invitant à l'empathie plutôt qu'à la défensive.

Une autre technique puissante consiste à reconnaître les émotions en jeu. Dans le feu de l'action, valider les sentiments de l'autre personne, qu'il s'agisse de frustration, de colère ou de douleur, peut désamorcer remarquablement la tension. Sarah, par exemple, pourrait dire : « Je comprends que tu te sentes frustré à ce sujet », ce qui reconnaît les émotions d'Alex sans nécessairement être d'accord avec son point de vue.

L'écoute active est la pierre angulaire d'une désescalade efficace. Il ne s'agit pas seulement d'entendre, mais de vraiment comprendre le point de vue de l'autre personne. L'écoute réflexive, c'est-à-dire où l'un paraphrase et répète ce que l'autre a dit, démontre l'attention et encourage une communication plus profonde. Cette approche encourage le passage du monologue au dialogue, en favorisant le respect mutuel et la clarté.

Au-delà de la résolution des conflits sur le moment, la maîtrise des techniques de désescalade peut transformer fondamentalement les relations affligées par les traits NPD. En favorisant une atmosphère de compréhension et de respect, ces techniques ouvrent la voie à des interactions plus saines. L'utilisation constante de la désescalade par Sarah minimise non seulement la fréquence des conflits avec Alex, mais nourrit également un sentiment de confiance et d'empathie entre eux. Au fil du temps, Alex commence à reconnaître et à apprécier les efforts de Sarah pour dissiper les tensions, ce qui conduit à une dynamique plus harmonieuse.

Les avantages vont au-delà des relations individuelles pour englober le bien-être général. La recherche montre que le stress chronique causé par les conflits non résolus peut nuire à la santé physique et mentale. En désamorçant de manière proactive les conflits, les individus atténuent les effets néfastes du stress, favorisant une meilleure résilience émotionnelle et une meilleure santé globale.

Les techniques de désescalade sont des outils transformateurs pour naviguer dans les relations affectées par le trouble de la personnalité narcissique. Grâce à des stratégies telles que l'écoute active, l'utilisation de déclarations « je » et la validation des émotions, les individus peuvent non seulement désamorcer les conflits, mais aussi favoriser une compréhension et une connexion plus profondes. En privilégiant l'empathie et la communication plutôt que la confrontation, ils cultivent des environnements où le respect mutuel prospère, ce qui profite à la fois à la dynamique des relations et au bien-être personnel.

## Négociation et compromis

La négociation et le compromis jouent un rôle central dans la navigation des relations affectées par le trouble de la personnalité narcissique (TNP). Comprendre leur importance va au-delà de la simple résolution des conflits ; Il s'agit de favoriser des interactions plus saines et de retrouver un sentiment d'équilibre et de respect.

À la base, la négociation consiste à trouver un terrain d'entente entre des perspectives différentes. Dans le contexte de la NPD, où les conflits naissent souvent d'un choc d'egos et d'attentes rigides, une négociation efficace peut être transformatrice. Il encourage les individus à exprimer leurs besoins et leurs préoccupations avec assurance tout en reconnaissant les points de vue de l'autre personne. Il ne s'agit pas de se rendre ou de céder, mais plutôt de trouver des solutions qui respectent la dignité et le bien-être de chacun.

Le compromis, quant à lui, est l'art de parvenir à des accords où les deux parties font des concessions pour le plus grand bien de la relation. Pour faire face au **NPD**, cela peut signifier abandonner le besoin d'avoir toujours raison ou en contrôle, et au lieu de cela, adopter la flexibilité et l'empathie. Il ne s'agit pas de faiblesse, mais de reconnaître que les relations prospèrent sur le respect et la compréhension mutuels.

Les stratégies de négociation et de compromis saines commencent par l'écoute active et l'empathie. Il s'agit d'entendre vraiment ce que l'autre personne exprime, au-delà des murs défensifs souvent érigés par les traits **NPD**. L'écoute réflexive, qui consiste à répéter ce que vous avez entendu pour vous assurer de la compréhension, peut désarmer les conflits potentiels et favoriser un dialogue plus ouvert.

Une autre stratégie clé consiste à se concentrer sur les intérêts plutôt que sur les positions. Le **NPD** a tendance à amplifier les positions positionnelles – à ma façon ou sur l'autoroute – ce qui peut conduire à des impasses. En approfondissant les besoins et les désirs sous-jacents de chacun, les parties peuvent découvrir des objectifs communs et des solutions potentielles qui satisfont les deux parties dans une certaine mesure.

Il est crucial de fixer des limites claires dans les négociations impliquant des traits **NPD**. Il s'agit de délimiter ce qui est acceptable et ce qui ne l'est pas, de s'assurer que le respect de soi et les limites personnelles sont maintenus. Cette clarté réduit les malentendus et fournit un cadre pour des interactions constructives.

La négociation et le compromis ne consistent pas seulement à résoudre des conflits immédiats ; Ils ouvrent la voie à une croissance et à un bien-être relationnels plus profonds. En s'engageant dans ces processus, les personnes touchées par le NPD peuvent progressivement apprendre des modèles de communication et des dynamiques relationnelles plus sains. Il met l'accent sur la résolution collaborative de problèmes plutôt que sur les luttes de pouvoir constantes, favorisant ainsi un environnement plus harmonieux où la confiance et le respect mutuel peuvent s'épanouir.

Avoir une compréhension claire de la négociation et du compromis est une compétence essentielle dans la gestion des relations affectées par le trouble de la personnalité narcissique. Il s'agit de créer un espace propice à la compréhension, à l'empathie et à la croissance, tant sur le plan individuel qu'interpersonnel. En adoptant ces principes, les individus peuvent naviguer dans les complexités de la NPD avec plus de résilience et de compassion, ouvrant la voie à des relations plus épanouissantes et durables.

# Partie 7

# Définition et entretien des limites

Comprendre les limites saines est crucial pour naviguer dans les relations, en particulier lorsqu'il s'agit d'un trouble de la personnalité narcissique. Les limites saines agissent comme des lignes invisibles qui définissent l'endroit où une personne se termine et où une autre commence, à la fois émotionnellement et physiquement. Ils sont le cadre qui soutient des interactions respectueuses et équilibrées, préservant notre bien-être tout en favorisant des relations plus saines.

Imaginez les frontières comme les glissières de sécurité sur une autoroute. Ils nous guident en toute sécurité tout au long de notre voyage, nous empêchant de nous engager dans des territoires nuisibles. Pour les personnes aux prises avec des traits narcissiques, les limites deviennent des outils essentiels pour l'autoprotection et le maintien de la santé mentale. Ils nous permettent de définir ce qui est acceptable et ce qui ne l'est pas, en fixant des attentes claires en matière de comportement et d'interactions.

Les exemples de limites saines peuvent varier considérablement, mais partagent un fil conducteur commun de respect et de soins personnels. Par exemple, le fait de fixer des limites à la quantité d'informations personnelles que vous partagez avec quelqu'un qui a tendance à exploiter les vulnérabilités démontre une frontière émotionnelle saine. De même, établir des limites de temps pour les interactions avec des personnes qui drainent votre énergie ou exigent constamment de l'attention est une forme de protection de votre espace mental et émotionnel.

Dans les relations affectées par la dynamique narcissique, ces limites servent de boucliers protecteurs. Ils aident les individus à maintenir un sentiment d'autonomie et de respect de soi, en prévenant la manipulation et la violence psychologique. En communiquant clairement vos besoins et vos limites, vous vous donnez les moyens de vous engager dans des relations mutuellement bénéfiques et respectueuses.

Des limites saines contribuent également de manière significative au bien-être général. Ils réduisent le stress et l'anxiété en procurant un sentiment de prévisibilité et de contrôle sur son environnement. Lorsque nous respectons nos limites, nous donnons la priorité aux soins personnels, en faisant des choix qui soutiennent notre santé émotionnelle, physique et mentale. Ceci, à son tour, améliore notre résilience et notre capacité à faire face aux situations difficiles, y compris celles impliquant des comportements narcissiques.

De plus, favoriser des limites saines améliore les relations à tous les niveaux. Il encourage une communication honnête, le respect mutuel et la confiance, des ingrédients essentiels pour entretenir des liens significatifs. En fixant et en maintenant des limites, les individus clarifient les attentes et réduisent les malentendus, favorisant ainsi des relations plus saines et plus épanouissantes.

Essentiellement, la compréhension et la mise en œuvre de limites saines sont un voyage transformateur. Il permet aux individus de prendre en charge leur vie, de cultiver le respect de soi et de protéger leur bien-être émotionnel face aux défis narcissiques. En adoptant ces limites, les individus non seulement se protègent, mais créent également des environnements propices à une véritable connexion, à la croissance et au respect mutuel.

# Fixer et communiquer des limites

Il est crucial de fixer et de communiquer des limites saines, en particulier lorsqu'il s'agit d'un trouble de la personnalité narcissique, que ce soit chez vous-même ou chez les autres. Les limites agissent comme des lignes directrices qui définissent un comportement acceptable et assurent votre bien-être émotionnel et mental. Ils servent de barrière protectrice, protégeant vos valeurs, vos besoins et vos limites. Ici, nous explorerons des stratégies pour établir et communiquer efficacement ces limites, nous nous pencherons sur la façon de fixer des limites dans divers contextes tels que les relations, le travail et les médias sociaux, et nous discuterons de la façon dont le fait de fixer des limites peut améliorer les relations et le bien-être général.

Pour commencer, établir des limites saines nécessite une conscience de soi. Comprendre vos valeurs, vos besoins et vos limites est la pierre angulaire de ce processus. Réfléchissez à ce qui vous met mal à l'aise ou vous stresse. Identifiez les situations où vous vous sentez dépassé ou exploité. Cette autoréflexion permettra de clarifier où les limites doivent être fixées. Une fois que vous avez une compréhension claire, communiquez ces limites avec assurance et respect. Utilisez des déclarations au « je » pour exprimer vos sentiments et vos besoins sans blâmer ou critiquer les autres. Par exemple, dites : « Je me sens mal à l'aise quand... ou « J'ai besoin de temps pour moi quand... ».

Il est essentiel d'être cohérent avec vos limites. L'incohérence peut entraîner de la confusion et des dépassements de limites. Si vous fixez une limite, respectez-la. Cette cohérence renforce l'importance de la frontière et démontre qu'elle n'est pas négociable. Cependant, préparez-vous à une réaction, en particulier de la part d'individus ayant des tendances narcissiques. Ils peuvent tester vos limites ou réagir négativement. Restez ferme et réitérez vos limites avec calme et assurance.

Dans les relations personnelles, fixer des limites peut être difficile mais nécessaire. Commencez par communiquer vos besoins de manière claire et directe. Par exemple, si vous avez besoin de temps seul pour vous ressourcer, faites savoir à votre partenaire que c'est essentiel pour votre bien-être. Si le défoulement constant d'un ami vous épuise, exprimez poliment votre besoin de conversations plus équilibrées. Dans les relations avec les narcissiques, les limites sont particulièrement vitales. Les narcissiques manquent souvent d'empathie et ont le sentiment d'avoir tout ce qui leur est dû, ce qui les rend enclins à la violation des limites. Soyez prêt à des tactiques de manipulation comme la culpabilité ou le gaslighting. Restez ferme et réitérez vos limites, en insistant sur le fait qu'il s'agit de votre bien-être et non d'une attaque contre eux.

Au travail, les limites aident à maintenir les relations professionnelles et à prévenir l'épuisement professionnel. Établissez des attentes claires concernant votre disponibilité et votre charge de travail. Si des collègues ou des superviseurs s'attendent à ce que vous soyez disponible après les heures de travail, communiquez vos limites. Par exemple, « je suis disponible pour les affaires urgentes jusqu'à 18 heures, mais après cela, j'ai besoin de temps pour me concentrer sur mes engagements personnels. » Si un collègue vous décharge fréquemment du travail, expliquez avec assurance votre charge de travail et suggérez une répartition équitable des tâches. Il est également crucial de faire des pauses et de donner la priorité aux soins personnels pendant les heures de travail. Cela augmente non seulement la productivité, mais donne également l'exemple aux autres pour qu'ils respectent leurs propres limites.

À l'ère numérique, il est tout aussi important de fixer des limites sur les médias sociaux. Les médias sociaux peuvent brouiller les frontières entre la vie personnelle et la vie publique, entraînant du stress et de l'anxiété. Décidez des informations personnelles que vous êtes à l'aise de partager et respectez-les. Si certaines interactions en ligne vous mettent mal à l'aise, n'hésitez pas à vous désabonner, à désactiver ou à bloquer. Il est essentiel de créer un environnement numérique qui favorise votre bien-être. De plus, fixez des limites de temps pour l'utilisation des médias sociaux afin d'éviter qu'ils n'interfèrent avec votre vie hors ligne. Établissez des zones ou des heures sans téléphone, par exemple pendant les repas ou avant de vous coucher, pour favoriser des habitudes plus saines.

Fixer des limites dans différents contextes exige de la flexibilité et de l'adaptabilité. Chaque situation est unique et peut nécessiter des approches différentes. Dans les amitiés, par exemple, les limites peuvent impliquer de discuter et de se mettre d'accord sur les attentes mutuelles et de respecter l'espace et le temps de chacun. Dans la dynamique familiale, il s'agit d'équilibrer la proximité et l'indépendance. Vous devrez peut-être établir des limites autour des sujets de conversation ou de la fréquence des visites. Il est essentiel de communiquer ces limites ouvertement et respectueusement, en vous concentrant sur vos besoins plutôt que de critiquer les autres.

Pour communiquer efficacement sur les limites, il faut un langage clair et concis. Évitez les déclarations ambiguës qui peuvent être mal interprétées. Soyez direct mais compatissant, en exprimant vos besoins sans attaquer ou blâmer les autres. Par exemple, au lieu de dire : « Vous ne m'écoutez jamais », essayez : « Je me sens non écouté lorsque mes opinions sont rejetées. Pouvons-nous travailler à mieux nous écouter les uns les autres ? Cette approche favorise la compréhension et la coopération plutôt que la défensive.

Les limites protègent non seulement votre bien-être, mais améliorent également les relations. Ils créent une base de respect et de compréhension mutuelle. Lorsque les limites sont respectées, cela favorise la confiance et la sécurité, ce qui permet aux relations de prospérer. Par exemple, dans les relations amoureuses, des limites claires concernant l'espace et le temps personnels peuvent prévenir les malentendus et réduire les conflits. Les partenaires qui respectent les limites de l'autre sont plus susceptibles de se sentir valorisés et compris, ce qui renforce le lien émotionnel.

Dans les amitiés, les limites empêchent le ressentiment et assurent un échange équilibré. Les amis qui respectent vos limites sont susceptibles d'être solidaires et prévenants, ce qui conduit à des relations plus épanouissantes et durables. Les limites aident également à reconnaître les dynamiques malsaines. Si un ami ne respecte pas constamment vos limites, cela peut être un signe qu'il faut réévaluer la relation.

Au travail, les limites favorisent un environnement sain et productif. Ils préviennent l'épuisement professionnel et réduisent le stress, contribuant ainsi à la satisfaction globale au travail. Lorsque les employés sentent que leurs limites sont respectées, ils sont plus susceptibles d'être engagés et motivés. Les limites favorisent également le professionnalisme et le respect, essentiels à un milieu de travail harmonieux.

Sur les réseaux sociaux, les limites protègent votre santé mentale et votre vie privée. En contrôlant ce que vous partagez et avec qui vous interagissez, vous créez un espace en ligne sûr qui reflète vos valeurs et vos priorités. Cela réduit le risque de cyberintimidation et de harcèlement en ligne, favorisant ainsi une expérience numérique plus positive.

L'établissement et le maintien de limites sont un processus continu. Cela nécessite une autoréflexion et un ajustement réguliers. À mesure que vos besoins et votre situation changent, vos limites peuvent également avoir besoin d'évoluer. Soyez ouvert à revoir et à renégocier les limites si nécessaire. Communiquez clairement ces changements aux personnes concernées, en vous assurant qu'elles comprennent les raisons derrière les ajustements.

Il est également important de prendre soin de soi et d'avoir de l'autocompassion tout au long de ce processus. Fixer des limites peut être éprouvant sur le plan émotionnel, surtout lorsqu'il s'agit de résistance ou de refoulement. Reconnaissez vos sentiments et donnez-vous la permission de donner la priorité à votre bien-être. Participez à des activités qui vous rajeunissent et demandez le soutien d'amis, de membres de votre famille ou de professionnels de confiance si nécessaire.

Fixer et communiquer des limites saines est une compétence essentielle pour gérer les relations avec les personnes narcissiques et protéger votre santé émotionnelle et mentale. En comprenant vos besoins, en communiquant avec assurance et en étant cohérent, vous pouvez établir des limites qui favorisent le respect et la compréhension mutuelle. Que ce soit dans les relations personnelles, au travail ou sur les réseaux sociaux, les limites améliorent votre bien-être et contribuent à des interactions plus épanouissantes et équilibrées. N'oubliez pas que les limites ne consistent pas à exclure les gens, mais à créer un espace sûr où vous pouvez vous épanouir et grandir.

## Maintenir des limites avec les narcissiques

Maintenir des limites avec les narcissiques est un défi redoutable. Les narcissiques, de par leur nature même, sont enclins à ignorer les besoins et les sentiments des autres en faveur de leurs propres désirs et de l'image de soi. Cela rend la tâche de fixer et de maintenir des limites non seulement cruciale, mais aussi incroyablement difficile. Le principal défi réside dans le besoin omniprésent du narcissique de contrôle et de validation. Ils considèrent souvent les limites comme des obstacles à leur propre satisfaction, ce qui les amène à tester, repousser et parfois ignorer carrément les limites fixées par les autres. Ce comportement peut laisser ceux qui les entourent frustrés, impuissants et même manipulés.

L'un des défis les plus importants dans le maintien des limites avec les narcissiques est leur propension à la manipulation. Les narcissiques sont habiles à utiliser le charme, la culpabilité et même l'intimidation pour obtenir ce qu'ils veulent. Ils peuvent promettre de respecter les limites, pour revenir à leurs anciennes habitudes une fois qu'ils ont retrouvé un sentiment de contrôle. Cela peut créer un cycle de promesses non tenues et de tentatives renouvelées pour faire respecter les limites, ce qui est émotionnellement épuisant pour la personne qui essaie de les respecter. De plus, les narcissiques réagissent souvent négativement à l'établissement de limites. Ils peuvent réagir par la colère, la bouderie ou un comportement passif-agressif, ce qui donne à l'exécuteur l'impression d'être le méchant. Cette réaction peut décourager les individus de maintenir leurs limites, car ils peuvent craindre un conflit ou un retour de bâton émotionnel.

Un autre défi est le manque d'empathie du narcissique. L'empathie est cruciale pour comprendre et respecter les limites des autres. Cependant, les narcissiques ont souvent du mal à se mettre à la place de quelqu'un d'autre, ce qui rend difficile pour eux de reconnaître pourquoi une limite est importante. Ils peuvent considérer les limites comme des attaques personnelles ou comme une preuve de déloyauté, ce qui complique davantage les efforts pour établir des limites saines. De plus, la nature imprévisible des narcissiques ajoute une autre couche de difficulté. Leurs humeurs et leurs comportements peuvent fluctuer considérablement, ce qui rend difficile d'anticiper leurs réactions et de se préparer en conséquence. Cette imprévisibilité peut laisser les individus se sentir constamment sur les nerfs, incertains du moment où leurs limites pourraient être testées la prochaine fois.

Malgré ces défis, il est possible de maintenir des limites saines avec les narcissiques grâce à des stratégies délibérées et cohérentes. La première étape consiste à définir clairement vos limites. Cela signifie comprendre quels comportements sont acceptables et ce qui ne l'est pas, et être capable d'articuler ces limites avec confiance. Il peut être utile d'écrire vos limites et de vous entraîner à les énoncer avec assurance, sans agression ni excuses. Une fois vos limites définies, il est crucial de les communiquer de manière claire et cohérente. Utilisez un langage direct et évitez les déclarations ambiguës qui pourraient être mal interprétées. Par exemple, au lieu de dire : « Je n'aime pas quand tu me parles de cette façon », soyez précis : « J'ai besoin que tu me parles respectueusement sans élever la voix ».

Faire respecter les limites de manière cohérente est peut-être la stratégie la plus difficile et la plus essentielle. Les narcissiques testeront probablement vos limites à plusieurs reprises, mais il est essentiel de rester ferme. Cela signifie qu'il faut prendre des mesures en cas de non-respect des limites. Si vous dites que vous mettrez fin à une conversation si le narcissique commence à crier, alors vous devez être prêt à vous éloigner lorsque cela se produit. La cohérence aide à renforcer le fait que vos limites ne sont pas négociables et que vous êtes sérieux dans votre maintien. Il est également important de rester calme et calme lorsque vous faites respecter les limites. Les narcissiques peuvent essayer de provoquer une réponse émotionnelle pour reprendre le contrôle, mais répondre avec une assurance calme peut aider à désamorcer la situation et à maintenir votre position.

Une autre stratégie efficace consiste à demander de l'aide. Maintenir des limites avec un narcissique peut être épuisant, et il est essentiel d'avoir un système de soutien en place. Il peut s'agir d'amis, de membres de la famille ou d'un thérapeute qui peut fournir des conseils, des encouragements et un espace sûr pour se défouler. Les groupes de soutien pour les personnes confrontées à des relations narcissiques peuvent également être inestimables, offrant des expériences partagées et des conseils pratiques. De plus, il est crucial de prendre soin de soi. Traiter avec un narcissique peut nuire à votre bien-être mental et émotionnel, il est donc important de privilégier les activités qui reconstituent votre énergie et réduisent le stress. Il peut s'agir de faire de l'exercice, de la méditation, des passe-temps ou simplement de prendre le temps de se détendre et de se détendre.

S'éduquer sur le narcissisme et l'établissement de limites peut également être stimulant. Comprendre les modèles de comportement narcissique et la psychologie qui le sous-tend peut vous aider à anticiper les défis et à développer des stratégies efficaces pour les gérer. Il existe de nombreuses ressources disponibles, notamment des livres, des articles et des forums en ligne, qui peuvent fournir des informations et des conseils précieux. Il est également utile de vous rappeler que vous avez le droit de fixer des limites et que cela est un acte de respect de soi et de soins personnels. Les narcissiques peuvent essayer de vous faire sentir coupable ou égoïste d'affirmer vos besoins, mais il est important de se rappeler que le maintien de limites est essentiel pour votre bien-être.

Le maintien de limites avec les narcissiques peut améliorer considérablement les relations et le bien-être général. D'une part, cela aide à établir un sentiment de contrôle et d'autonomie. Lorsque vous fixez et faites respecter des limites, vous reprenez le pouvoir sur votre propre vie et vos décisions. Cela peut être incroyablement stimulant et peut aider à contrer les sentiments d'impuissance et de frustration qui accompagnent souvent les relations avec les narcissiques. De plus, des limites claires peuvent améliorer la communication. Lorsque les deux parties comprennent et respectent les limites de l'autre, les interactions sont susceptibles d'être plus respectueuses et moins conflictuelles. Cela peut conduire à une dynamique relationnelle plus stable et prévisible, qui peut être moins stressante et plus gérable.

De plus, le maintien de limites peut protéger votre santé mentale et émotionnelle. Faire face constamment aux exigences et aux manipulations d'un narcissique peut être épuisant et endommager votre estime de soi. En fixant des limites, vous créez un tampon qui vous aide à vous protéger des dommages émotionnels et à préserver votre estime de soi. Cela peut conduire à une confiance accrue et à un sens plus fort de soi. Au fil du temps, cela peut se traduire par une meilleure santé mentale globale et une vision plus positive de la vie. De plus, le maintien de limites peut encourager la croissance personnelle. Cela nécessite la conscience de soi, l'affirmation de soi et la résilience, des compétences qui sont précieuses dans tous les domaines de la vie. Au fur et à mesure que vous devenez plus apte à fixer et à maintenir des limites, vous constaterez peut-être que vous êtes mieux équipé pour gérer plus efficacement d'autres défis et relations.

De plus, fixer des limites peut influencer le comportement du narcissique. Bien que vous ne puissiez pas changer la personnalité fondamentale d'un narcissique, des limites constamment appliquées peuvent décourager certains de ses comportements les plus nuisibles. Lorsqu'un narcissique se rend compte que ses tactiques habituelles ne sont plus efficaces, il peut être forcé d'ajuster son comportement, au moins dans une certaine mesure. Cela peut conduire à une dynamique relationnelle moins toxique et plus gérable. Enfin, le maintien de limites peut favoriser un plus grand sentiment de respect. Lorsque vous affirmez vos besoins et que vous vous défendez, vous signalez que vous vous valorisez et que vous appréciez votre bien-être. Cela peut conduire à un plus grand sentiment de respect de soi et peut également imposer le respect des autres, y compris le narcissique.

Maintenir des limites avec les narcissiques est indéniablement difficile mais essentiel pour votre bien-être et la santé de vos relations. En définissant, en communiquant et en appliquant constamment vos limites, vous pouvez créer une dynamique plus équilibrée et plus respectueuse. Chercher du soutien, prendre soin de soi et s'informer sur le narcissisme peut encore améliorer votre capacité à maintenir ces limites. En fin de compte, les efforts que vous investissez dans l'établissement et le maintien de limites porteront leurs fruits sous la forme d'une meilleure santé mentale et émotionnelle, d'une meilleure estime de soi et de relations plus saines et plus respectueuses. Bien que le voyage puisse être difficile, les récompenses en valent la peine.

# Faire face au refoulement des limites

Lorsque vous fixez des limites, en particulier avec les personnes atteintes de trouble de la personnalité narcissique (TNP), vous pouvez rencontrer un phénomène connu sous le nom de repousser les limites. C'est à ce moment-là que la personne qui reçoit vos limites réagit négativement, en tentant de les défier, de les ignorer ou de les miner. Les narcissiques, en particulier, peuvent considérer vos limites comme des menaces pour leur contrôle et leur image de soi. Ils peuvent utiliser diverses tactiques telles que la culpabilisation, le gaslighting ou un comportement agressif pour démanteler les limites que vous avez fixées. Comprendre cette dynamique est crucial pour maintenir votre bien-être et l'intégrité de vos relations.

Pour faire face au repousser les limites, il faut d'abord le reconnaître et s'y attendre. Lorsque vous établissez une nouvelle limite, préparez-vous à la résistance. Il n'est pas rare que les narcissiques intensifient d'abord leur comportement pour tenter de reprendre le contrôle. Le savoir à l'avance vous aide à rester inébranlable et à ne pas remettre en question vos décisions. Votre détermination est votre plus grande alliée. La fermeté dans votre position communique que vos limites ne sont pas négociables, quelle que soit la résistance que vous recevez.

Une stratégie efficace pour gérer le refoulement des limites est de rester calme et posé. Les narcissiques se nourrissent de réactions émotionnelles, et rester neutre les prive du carburant qu'ils recherchent. Utilisez un langage clair et concis lorsque vous renforcez vos limites, en évitant les arguments ou les justifications émotionnelles. Répéter votre limite au besoin, sans vaciller, renforce votre position. Par exemple, si une personne narcissique essaie de vous culpabiliser pour que vous changiez vos plans, un simple « Je comprends que tu sois contrarié, mais je dois tenir mon engagement » peut être très puissant.

Une autre stratégie clé consiste à donner la priorité aux soins personnels. Faire face au repousser les limites peut être émotionnellement épuisant, il est donc essentiel de prendre soin de vous. Participez à des activités qui vous rajeunissent, qu'il s'agisse de passer du temps avec des amis qui vous soutiennent, de poursuivre des passe-temps ou de pratiquer des techniques de pleine conscience et de relaxation. S'assurer que vous avez un réseau de soutien solide peut également fournir un renforcement émotionnel et une perspective. Parler avec un thérapeute ou rejoindre un groupe de soutien peut être particulièrement bénéfique, car ils offrent des conseils professionnels et des expériences partagées qui valident vos efforts et vos difficultés.

Maintenir des limites face à la résistance peut améliorer considérablement vos relations et votre bien-être général. Il favorise le respect de soi et l'autonomie, ce qui est crucial pour la santé mentale. Lorsque les autres se rendent compte que vos limites sont fermes et cohérentes, ils sont plus susceptibles de les respecter au fil du temps. Ce respect peut conduire à des interactions plus saines et plus équilibrées où vos besoins sont reconnus. Dans le contexte des relations avec les narcissiques, bien que la dynamique ne soit jamais parfaite, le maintien de limites peut empêcher l'érosion de votre estime de soi et vous donner un sentiment plus clair d'agence personnelle.

En fin de compte, faire face au refoulement des limites est une question de persévérance et de respect de soi. Cela demande de la patience et de la pratique, mais les avantages vont bien au-delà des défis immédiats. Au fur et à mesure que vous devenez plus habile à maintenir vos limites, vous remarquerez probablement un changement positif dans la façon dont vous vous comportez avec les autres et dans la façon dont ils se rapportent à vous. Votre confiance grandira, et avec elle, votre capacité à naviguer dans des dynamiques interpersonnelles complexes. En restant ferme, vous ne vous protégez pas seulement de la manipulation et du contrôle ; Vous modélisez également un comportement relationnel sain, qui peut inspirer un changement positif chez ceux qui vous entourent.

Faire face au refoulement des limites est une compétence essentielle dans la gestion des relations avec les individus narcissiques. En comprenant le concept, en employant des stratégies efficaces et en reconnaissant les avantages à long terme, vous pouvez créer des interactions plus saines et plus respectueuses. Cela améliore non seulement vos relations, mais contribue également de manière significative à votre sentiment général de bien-être et d'autonomisation personnelle.

Naviguer dans les relations avec les personnes atteintes d'un trouble de la personnalité narcissique (TNP) peut être incroyablement difficile, mais la compréhension est la première étape vers la gestion et l'amélioration de ces interactions. Ce livre fournit des informations complètes sur le comportement narcissique, vous aidant à reconnaître les traits et les caractéristiques des narcissiques, des types classiques aux types malins. Comprendre le besoin de validation du narcissique et comment cela façonne ses interactions, en particulier dans la dynamique parent-enfant, vous permet d'acquérir les connaissances nécessaires pour naviguer dans ces relations complexes.

L'intelligence émotionnelle (QE) et la conscience de soi sont essentielles dans la gestion des relations narcissiques. En développant une compréhension plus profonde de vos propres émotions, en améliorant votre empathie et en renforçant votre résilience, vous pouvez mieux gérer les troubles émotionnels qui accompagnent souvent ces relations. Reconnaître et gérer efficacement vos émotions peut également vous protéger contre la manipulation et vous aider à maintenir votre santé émotionnelle.

Fixer des limites est crucial lorsqu'il s'agit de narcissiques. Ce livre vous guide sur la façon d'identifier les comportements narcissiques dans les relations, de communiquer avec assurance vos besoins et de faire face à des tactiques telles que le gaslighting et la projection. Savoir quand s'éloigner est tout aussi important que de maintenir des relations saines, et ce livre propose des stratégies pour les deux scénarios.

La guérison et le rétablissement des traumatismes et des abus causés par les relations narcissiques sont un processus progressif qui nécessite du soutien et de l'autocompassion. Comprendre les traumatismes, créer un réseau de soutien et demander de l'aide professionnelle sont des étapes essentielles dans ce parcours. Rétablir l'estime de soi et la confiance, ainsi que la pratique du pardon, sont essentiels pour aller de l'avant.

La croissance et le développement personnels sont des processus continus qui impliquent de cultiver un état d'esprit de croissance, de renforcer la résilience émotionnelle et d'améliorer les compétences en communication. Fixer des limites saines et les maintenir est un effort continu, en particulier avec les narcissiques qui défient souvent ces limites. Ce livre fournit les outils et les stratégies pour vous aider à grandir et à prospérer malgré les défis.

Une communication efficace et la résolution des conflits sont essentielles pour gérer les interactions avec les narcissiques. L'apprentissage de l'écoute active, des techniques de désescalade et des compétences de négociation peut vous aider à gérer les conflits plus efficacement. Ces compétences améliorent non seulement vos interactions avec les narcissiques, mais améliorent également vos capacités de communication globales.

Enfin, l'établissement et le maintien de limites sont la pierre angulaire des relations saines. Il est essentiel de comprendre à quoi ressemblent des limites saines, comment les communiquer et comment gérer les réticences. Ce livre vous permet de rester ferme dans vos limites, en favorisant le respect et des interactions plus saines.

**Encouragement à continuer d'apprendre et de grandir**

Apprendre à connaître le comportement narcissique et à gérer ces relations est une étape importante vers l'amélioration de votre vie et de votre bien-être. N'oubliez pas que ce voyage est en cours. Chaque chapitre de ce livre fournit des informations précieuses et des stratégies pratiques, mais le travail ne s'arrête pas là. Continuez à vous renseigner, à chercher du soutien et à mettre en pratique les compétences que vous avez acquises. La croissance et la guérison sont des processus qui durent toute la vie et qui nécessitent de la patience, de la persévérance et de l'autocompassion. En restant engagé dans votre développement personnel, vous pouvez construire des relations plus saines et une vie plus épanouissante.

**Ressources pour l'apprentissage et le soutien**

Pour ceux qui cherchent à approfondir leur compréhension et à trouver un soutien supplémentaire, envisagez d'explorer les ressources suivantes :

- **Les livres** : « Le narcissique que vous connaissez » de Joseph Burgo, « Vais-je jamais être assez bon ? » de Karyl McBride et « Désarmer le narcissique » de Wendy Behary offrent un aperçu supplémentaire du comportement narcissique et des stratégies d'adaptation.

- **Communautés en ligne** : Des forums comme r/raisedbynarcissists de Reddit et des groupes de soutien sur des plateformes comme Facebook peuvent fournir un sentiment de communauté et d'expériences partagées.

- **Thérapie et conseil** : Demander l'aide d'un thérapeute agréé, en particulier ceux qui se spécialisent dans les abus narcissiques et les traumatismes, peut être incroyablement bénéfique.

- **Sites Web et blogs** : Des sites comme PsychCentral, The Narcissistic Life et des blogs de professionnels comme le Dr Ramani Durvasula offrent des informations et un soutien précieux.

- **Ateliers et séminaires** : De nombreuses organisations proposent des ateliers et des séminaires sur l'intelligence émotionnelle, l'établissement de limites et la croissance personnelle. Ceux-ci peuvent fournir des compétences pratiques et un soutien par les pairs.

Restez curieux, restez connecté et continuez à donner la priorité à votre bien-être. Le parcours pour comprendre et gérer les relations narcissiques est difficile, mais avec les bons outils et le bon soutien, vous pouvez y naviguer avec succès.